톡톡 튀는 프랑스 플라워 디자인

Magnificent & Sensational French Flower Design

톡톡 튀는
프랑스 플라워 디자인

초판인쇄 2017년 8월 21일
초판발행 2017년 8월 21일

지은이 윤효순
펴낸이 채종준
기 획 양동훈
디자인 김정연
마케팅 송대호

펴낸곳 한국학술정보(주)
주소 경기도 파주시 회동길 230(문발동)
전화 031 908 3181(대표)
팩스 031 908 3189
홈페이시 http://ebook.kstudy.com
E-mail 출판사업부 publish@kstudy.com
등록 제일산-115호(2000. 6. 19)

ISBN 978-89-268-8072-2 13630

톡톡 튀는
프랑스 플라워 디자인

Magnificent & Sensational French Flower Design

윤효순(Cecilia YOON) 지음

이담 Books

화훼 문화가 발달된 나라일수록 문화 선진국이라는 말을 한다. 꽃을 사랑하는 마음이야 선진국과 후진국을 언급할 필요가 없겠지만, 마음의 여유를 갖게 하고 꽃의 아름다움을 더욱 돋보이게 하는 플라워 디자인은 오랜 역사와 발달된 문화를 가진 나라임을 한눈에 알아보게 하는 문화적 척도임은 분명하다.

예로부터 유럽 문화의 교차점이자 집결지로 이름이 높았던 프랑스의 플라워 디자인은 전통을 지켜가는 가운데 변혁을 두려워하지 않으며 발달을 거듭했다. 고대 그리스, 로마 시대의 유물과 회화 속에 나타난 꽃과 화관, 화분 장식으로부터 발전된 클래식 디자인이 퇴색되어 가면서 장식이라는 내용보다는 선과 공간의 배치, 조형적 예술성을 강조하는 모던 디자인이 자리 잡게 되었다. 따라서 프랑스에서는 플라워 디자인의 가장 기본적 역할인 '풍성하고 아름다운 실내 장식'에 의미를 두며, 즉 '일상생활에서의 실용적인 플라워 디자인'을 중시하게 되었다.

특히 현대 프랑스 플라워 디자인은 흔히 우리가 보아 왔던 꽃이 주(主, main)가 되는 디자인에서 비교적 잎사귀의 중요성이 상당히 대두된 현대적 플라워 디자인으로 변화했으며, '화훼(花卉, 그린 파운데이션 위의 꽃)'의 의미를 가장 잘 나타내고 있다. 이러한 플라워 디자인을 자주 접하다 보면 심플함 속에서 세련되고 우아한 분위기를 느끼게 될 것이다.

처음 또는 이미 플라워 디자인을 접한 사람들이라면 식탁 위에 놓을 꽃 하나라도 좀 더 멋있게 꾸며보고 싶은 생각을 해봤을 것이다. 생활에 활력을 줄 수 있고 기분 전환을 시켜줄 수 있는 기존과 다른 플라워 디자인을 만들어보고 싶은 사람들에게 이 책을 권하고 싶다. 그런 분들을 위하여 꽃이나 기타 소재들을 구입할 수 있는 꽃 시장을 먼저 소개하였고, 구입한 재료들로 플라워 숍에서 하나의 작품으로 변신하여 판매하고 있는 것과 개인이 직접 구입한 재료들로 만들어볼 수 있는 플라워 작품들을 테마별로 모아서 소개하였다.

사실 플라워 디자인 하면 떠오르는 것은 꽃이 주 소재가 된 것이 대부분이지만 이 책에서 주로 소개하고자 하는 것은 꽃보다는 표면적이 넓은 잎이다. 더 나아가 그 잎만을 이용해서 한 작품을 만들어 기존의 플라워 디자인과 견주어보았을 때도 전혀 뒤지지 않는다. 오히려 간결함 속에서 우아함을 찾을 수 있고, 오랜 시간 신선도를 유지하며, 디자인의 가치 측면에서도 탁월하다고 할 수 있다.

기초 과정은 크게 클래식 디자인과 모던 디자인으로 나누었으며, 현재 프랑스 플라워 디자인학교에서 이루어지고 있는 수업과 같은 체계를 이론부터 설명해놓았다. 이 때문에 조그만 관심을 두고 읽는다면 혼자서도 습득할 수 있다. 플라워 디자인을 이미 접해본 플로리스트들이라면 좀 더 쉽게 이 책의 디자인 작품들을 배울 수 있을 것이다. 전 세계에서 재배되고 있는 꽃이나 기타 소재들은 신선도 유지가 어려운 열대지방을 제외하고는 어느 나라에서든 쉽게 찾아볼 수가 있는데, 우리나라에서도 요즈음엔 그러한 소재들을 손쉽게 구입할 수가 있어서 작품 구성에는 별 어려움이 없을 것으로 여긴다.

미약하나마 이 한 권의 책이 플라워 디자인에 관심이 있는 분들에게 또한 혹시 유학을 준비하고 있는 분들에게도 또 다른 경이로운 디자인을 접할 수 있는 계기가 되었으면 하는 간절한 바람이다.

윤효순

Developed countries have flourished when they cultivate a rich floral culture.

Flower design is critical in measuring a country's cultural level in relation to the arts and floral design. Coupled with people's love for flowers, floral design can offer a peace of mind and composure in addition to enhancing its appeal to look more outstanding.

Renowned as the crossroad and central country of European culture, France have been enjoying its prosperity while maintaining an adventurous and bold flower design heritage that is always open to changes. Evidently, a modern flower design, that highlights the placement of line, space, and decorative arts, has replaced the classical design which emphasizes mainly on flowers and wreath flowers decoration in the Greek and Roman era.

Accordingly, the principal role of a flower design is to have an abundant and beautiful interior decoration. Moreover, cultivating a flower design culture can enrich ones daily lives. In particular, the modern French flower design has been evolving to encompass the essence of floral arrangement. This involves being more leaf-focused on top of the typical and centric floral design. Consequently, such graceful floral designs would enhance the interior decoration, bringing out the simplicity yet elegant and refined atmosphere.

I highly recommend this book to those who enjoys trying out different flower decorations, with an aim to rejuvenate their daily lives. This book is also suitable for novices who are keen to learn about floral arrangements.

Despite teaching materials in this book focuses mainly on the leaves for flower design, it is still comparable with the flower design that uses flowers. If you wish to find out more information about flower design, you can approach any floral shops which carry flowers and decorative materials. In conjunction, you can also find completed flower ornaments displayed at the shops for sale, along with other materials required to make your desired flower design.

Additionally, materials covered in the book consist of classical and modern design contents, similar to those covered by French Flower School in France. Hence, you can easily pick up the skills by reading it attentively! As for experienced florist, you will be able to grasp the content effortlessly.

If the availability of the materials are of concern to you, not to worry! The flowers and other design materials mentioned in the book are widely available in any country. However, do take note that the freshness of the flowers may differ for tropical regions due to high temperature.

All in all, I sincerely hope this book can offer you an opportunity to experience an exquisite flower design, especially for those who have an interest in flower decoration or wishes to pursue French flower design courses in France

Cecilia YOON

프랑스 꽃 시장과 화원, 사진으로 즐겁게!

꽃 시장은 나에게 상상력을,
정원은 나에게 행복감을 준다.

01

요모조모 둘러본
프랑스의 꽃 시장

1) 프랑스의 꽃 시장

프랑스의 꽃 시장과 플라워 숍에 가보면 꽃뿐만 아니라 그야말로 다양한 물품들이 서로 조화를 이루며 섞여 있다는 점이 눈에 띈다. 프랑스는 거의 대부분 가정집에 조그맣게라도 정원이 딸려 있기 때문에 꽃과 나무의 소비량이 그만큼 많아서 자연스럽게 꽃 시장에서도 정원용품을 함께 판매하고 있는 것이다. 심지어 동네마다 자리한 일반 슈퍼마켓에서도 꽃과 정원용품을 판매하고 있다. 그렇다 하더라도 동네 슈퍼마켓에서 판매하는 물품이나 보자고 멀리 프랑스까지 비행기를 타고 갈 것까지야 없지 않은가? 먼저 프랑스에서도 대표적인 꽃 시장으로 손꼽히는 헌지스(Rungis) 꽃 시장과 릴(Lille) 근처 꽃 시장을 살펴보고 이어 체인점으로 유명한 트뤼포(Truffaut) 꽃 시장 등을 사진과 함께 살펴보도록 하자.

a. 헌지스(Rungis) 꽃 시장

헌지스 시장은 파리 남쪽 외곽에 있는 오를리 공항(Orly aeroport) 근처에 위치한 대규모 농, 수, 축산물 시장이다. 따라서 각종 농산물과 축산물 그리고 싱싱한 수산물을 구입하려는 도소매업자들로 정신이 없는 곳이다.

새벽 일찍 시장에 도착하면 분주히 움직이는 트럭들과 무거운 새벽잠을 깨려는 사람들이 커피를 홀짝이는 모습이 눈길을 끈다. 그리고 꽃 시장 쪽을 향해 발을 옮기면 달콤한 과일향이 맨 처음 플라워 디자이너들을 맞이한다. 꽃 시장 바로 옆이 과일 시장인 탓이지만 마치 활짝 핀 꽃다발 속을 걷는 듯한 환상을 주어 기분 좋게 꽃 시장으로 들어설 수 있다. 이곳은 프랑스 전역에서 재배하는 모든 꽃뿐만 아니라 유럽의 주요 화훼 산지인 네덜란드로부터 파리 인근 지역에서 소비될 꽃들이 집결하는 곳이기도 하다. 물론 일부는 지방에서 올라온 도매상에게 판매되기도 하지만 대부분 파리(Paris)와 주변 지역에서 소비되는 상품이기 때문에 헌지스 시장은 바로 파리의 꽃 소비 유행을 한눈에 알아볼 수 있는 바로미터의 역할을 하고 있다.

주차공간이 충분히 확보되어 있고 시장 전체가 평지로 이루어져 있어 이동이 쉽다. 특히 주차장에 차를 대놓고 몸이 고단하게 걸어 다닐 필요 없이, 차량으로 이동하며 필요한 물품들을 구매하기 쉽다. 다만 규모가 워낙 크기 때문에 발품만 팔기에는 좀 버겁다.

헌지스 꽃 시장 입구

헌지스 꽃 시장 　　　　　　　　　　　　　　　코코넛 잎

　표면적이 넓은 워싱토니아, 바나나, 몬스테라 잎 등(사진 2 뒤쪽)과 코코넛 잎(사진 3)은 플라워 디자인에 율동감과 볼륨감을 나타낼 수 있는 좋은 소재이며 길이가 긴 판다누스, 엽란, 코르딜리네, 드라세나 잎 등은 선(line)과 형(form)을 나타내는 대표적인 소재로 많이 사용되고 있으며 또한 요즘 프랑스에서 유행하고 있는 모던 플라워(bouquet moderne) 디자인에 가장 많이 사용되고 있는 소재들이다. 영업 시간은 우리나라의 경우 새벽 12시 또는 1시에서 오후 1시 또는 오후 3시 사이인데 반해 이곳 헌지스 꽃 시장은 새벽 6시에 오픈해서 10시 정도로 길지 않다.

b. 헌지스 꽃 시장 내부

헌지스 꽃 시장에 있는 거의 대부분 상점은 잎 소재와 꽃 소재를 같이 취급하고 있다. 공간이 넓어 한눈에 쉽게 원하는 소재를 찾을 수 있게 배치된 것이 특색이다(사진 4, 5). 대부분의 생화는 물통에 담아 보관, 판매(사진 6)하고 있으며, 거베라(사진 7)는 우리나라 꽃 시장에서 플라스틱 캡으로 꽃을 싸는 것과는 달리 플라스틱 캡 없이 박스에 하나씩 꽂아서 진열해놓은 것을 판매하고 있다. 수태(이끼)도 종류별로 다양하게 있으며(사진 8), 소나무, 참나무를 비롯한 여러 종류의 나무껍질을 판매하고 있는 것(사진 9)이 특징이다.

　분화를 이용해서 다양한 용기에 모듬심기를 해서 판매하고 있다(사진 10, 11). 따라서 소비자는 화분을 하나 구매함으로써 조화롭게 구성된 작은 정원 하나를 거실 안

(4~9) 헌지스 꽃 시장 내부 (10, 11) 헌지스 꽃 시장 분화 판매장

(12) 헌지스 꽃 시장 내부에서 쓰는 caddy　(13~15) 헌지스의 꽃 시장의 여러 소품들

으로 끌어들일 수 있게 된다.

　소비자들이 캐디(caddy)를 끌고 다니면서 필요한 식물을 구매한 후 계산은 맨 나중에 하는 시스템으로 되어 있다(사진 12).

　헌지스 꽃 시장에는 꽃과 식물만 존재하는 건 아니다. 다음 사진에서 보듯이 장식용 미니 호박이나 화병 혹은 데코레이션을 위해 일부러 화분을 예쁘게 꾸민 분화들도 많이 있다(사진 15). 특히 화병들은 크기와 색깔 별로 워낙 다양하게 갖춰져 있어서 플라워 디자이너들의 상상력을 마구 자극해준다(사진 13, 14).

　생화 시장에서 조금만 자리를 옮기면 나타나는 조화 시장. 대부분 기계화지만 생화 못지않은 아름다움을 자랑한다. 조화를 이용한 플라워 디자인도 많이 발달되어 있다(사진 16, 17). 멀리서 보면 깜박 속을 정도로 정교한 이들 조화를 볼 때마다 영원한 자연의 아름다움을 소유하고자 했던 고대인들이 무슨 생각을 할까 궁금해지곤

(16, 17) 헌지스 꽃 시장의 조화들 (18) 정원 설치용 분수

한다.

　원예, 정원용품을 판매하는 곳에는 가정집 정원이나 공원 등에 설치할 수 있는 분수(bassin)도 있다(사진 18). 그 외에 장미원을 만들 수 있는 아치형 모형이나 디즈니 랜드 만화 캐릭터를 본떠서 만든 도자기 인형 등은 판매하는데 이 인형들을 식물 사이사이에 배치해놓음으로써 아기자기한 정원의 멋을 더해준다.

c. 트뤼포(Truffaut) 꽃 시장

트뤼포는 체인점 형태로 운영되는 꽃 시장이다(사진 19). 프랑스 전역에서 쉽게 찾아

볼 수 있으며 절화를 비롯해서(사진 20) 크고 작은 분화나 원예, 화훼와 관련된 서적, 원예와 정원용품, 구근, 씨앗, 화분 등 다양한 물품들을 구비해놓았다. 이외에도 작은 분화에 장식할 수 있는 소품들도 갖춰져 있다(사진 21). 내부 구성은 앞서 살펴본 헌지스 꽃 시장과 대동소이하지만, 그 규모는 훨씬 작다. 그러나 개장 시간이나 접근성이 뛰어나 일반 원예 소비자들이 즐겨 찾는다.

프랑스에는 트뤼포 꽃 시장 외에도 푸엥베르(Point-vert)나 빌라베르드(Villaverde) 등 다양한 대규모 원예, 정원용품 체인점이 곳곳에 있다. 이는 조그만 정원 혹은 분화라도 직접 구매해서 가꾸는 것을 삶의 멋으로 아는 프랑스 사람들의 생활 습관에 기인한 것이다.

이런 현상은 지방 도시로 내려갈수록 두드러진다. 특히 지방 도시마다 그해에 가장 아름다운 꽃, 수목을 키운 집을 평가, 수상하고, 도시 간 콩쿠르를 개최하여 일반인들의 정원 생활을 장려한다. 결국 각 지방 도시의 노력과 일반 시민들의 자발적

트뤼포 꽃 시장

(23~26) 아니 플로르 꽃 시장 (27~29) 플로랄 파크 꽃 시장

인 참여가 프랑스 어느 지역의 거리를 가든지 꽃의 도시를 자신 있게 표방할 수 있는 공간과 환경을 만들어내는 것이다(사진 22).

전문가 못지않은 지식을 가진 많은 평범한 사람들은 집집마다 식물도감을 갖춰놓고, 아이들과 함께 이번 주에는 무슨 꽃으로 집안을 꾸밀까를 같이 고민하고 또 공부한다.

d. 아니 플로르(Any Flor) 꽃 시장

프랑스 북부 지방에 있는 대도시 릴(Lille) 근처에 있는 꽃 전문 시장으로 소품과 아이디어를 찾는 개인 플라워 디자이너들의 발길이 잦은 곳이다. 대칭미를 강조한 듀오작품들(사진 25, 26)이 많고 꽃 위주보다는 소품들을 주로 이용해서 좀 더 재미있는 작품들을 만들어 판매하고 있다(사진 23, 24).

e. 플로랄 파크 꽃 시장

플로랄 파크 꽃 시장이란 조그맣게 식물원을 조성해놓고 그 앞쪽으로 꽃 시장을 구성해놓은 것을 의미한다. 이러한 플로랄 파크 꽃 시장은 규모가 크지 않아 발 빠르게 유행에 맞는 상품을 제공할 수 있으며 지방 특산물과의 연계상품 개발이 용이하다. 또한 꽃 시장에서만 판매하는 개성 있는 상품을 내놓을 수 있다는 장점이 있다. 다른 꽃 시장과 마찬가지로 식물 외에 원예, 정원용품 등 다양한 물품들을 판매하고 있다.

사진 28번은 포푸리로서 소재를 꽃잎만으로 한정시키지 않고 계피, 리치 등 각종 과일 등을 이용해서 한층 더 싱그러운 향을 즐길 수 있게 만들어놓았다.

그리고 자칫 단조로워 보일 수 있는 헤데라 화분 위에 촛대를 함께 장식해놓아 훨씬 상품 가치가 높아 보인다. 소품은 일종의 위트이자 포인트이다(사진 27, 29).

2) 프랑스의 플라워 숍

플라워 숍은 크게 체인 플라워 숍과 개인 플라워 숍, 두 가지로 구분할 수 있다. 그 외에 목적에 따라 때와 장소에 맞게 플라워 작품을 만들어 대여하는 곳도 있다. 유럽, 특히 프랑스의 플라워 숍은 숍마다 개성이 굉장히 두드러지는 편이다. 이는 음식, 집안 꾸미기, 옷에 이르기까지 개인의 개성을 중시하고 존중하는 프랑스 사람들의 성향으로부터 나온 결과이다. 따라서 플라워 숍 또한 도시, 지방을 불문하고 독특한 색깔을 갖지 않고서는 살아남을 수 없어서 숍을 운영하는 운영자의 취향이 고스란히 드러난다(사진 30).

즉, 각 플라워 숍마다 실내 구조, 판매하는 식물, 작품, 소품 등을 운영자만의 독특한 개성으로 꾸며놓는 것이다. 프랑스는 꽃의 소비량이 많아서 그만큼 플라워 숍이 인구 밀도에 크게 상관없이 우리나라보다 매우 많은 편이다. 대략 인구 약 2만 명의 도시에 40~50여 군데의 플라워 숍이 존재하고 있을 정도이다. 꽃의 소비 역시 특별한 날을 기념하는 외에 일상생활 속에서 이루어진다. 이를테면 주부들이 1

30

파리의 플라워 숍

주일에 한두 번은 플라워 숍에 들러서 가족과 함께 하는 저녁식사를 위해 식탁에 놓을 꽃 작품을 사서 가는 것이다. 또한 꽃 소비자는 자신의 성향에 따라 디자인과 구성할 꽃을 주문하고 플라워 디자이너들은 이를 충실하게 반영하여 작품을 만들어주고 있다. 따라서 얼마나 실력 있는 플라워 디자이너를 보유하느냐에 따라 플라워 숍의 성공 여부가 좌우된다 하겠다.

그러므로 플라워 숍 운영자는 경력자나 플로리스트 자격증 소유자를 우선하여 채용하고자 한다. 물론 자격증 소유자에게는 거기에 걸맞은 수당이 붙기 때문에 월급도 일반 직원에 비해서 높다. 프랑스의 플로리스트 자격증 종류는 다양한데, 예를 들어 국가에서 운영하는 CAP, BTS처럼 우리나라의 화훼장식 기능사, 기사 자격증에 해당하는 자격증이 있는가 하면, 사립 플라워디자인학교(ECOLE)들이 발급하고 국제적으로 인정받는 크고 작은 자격증들이 있으며, 프랑스 원예협회(SNHF)에서 발급하고 있는 DAFA 자격증도 있다.

a. 몽소 플뢰르(Monceau Fleurs)

체인점 형태로 운영되고 있으며 개인이 운영하는 플라워 숍보다는 값이 저렴하다는 것이 장점이다. 보통 절화, 분화 위주로 많이 판매하고 있으며 손쉽게 만들 수 있는 꽃다발을 물이 든 PVC 포장지에 넣어서 판매하기 때문에 절화의 신선도가 최적으로 유지되어 소비자들은 아름다운 꽃을 좀 더 오랫동안 즐길 수 있다.

몽소 플뢰르 플라워 숍

(33, 34) 인터플로라 플라워 숍 (35, 36) 파리 북역의 플라워 숍

b. 인터플로라(Interflora)

체인점 형식의 플라워 숍으로 몽소 플뢰르와 마찬가지로 가격이 일반 숍에 비해서 저렴하고 각종 소품과 함께 조화 작품도 많이 겸비해놓고 있다. 몽소 플뢰르와 비교하면 장식적인 요소가 많이 가미된 작품을 만들어서 판매하고 있다. 분홍색과 흰색으로 포장된 꽃다발의 밑동을 감싸놓은 것이 보이는데(사진 34), 이는 꽃이 신선함을 유지하기 위해서 물을 채워둔 것이다. 대부분의 플라워 숍에서 판매하고 있는 꽃다발은 이런 형태로 되어 있다.

c. 파리 북역(Gare du Nord)의 플라워 숍

기차와 지하철이 연결된 역사 내부에 있는 숍으로 차폐 효과를 위해서 헤데라로 양쪽을 아치형으로 꾸며놓은 것이 특색 있다. 또한 역사 2층 난간을 적절히 이용하여 덩굴 식물을 드리워 놓음으로써 마치 현대식 건물 안에 자연이 담겨 있는 듯한 분위기를 연출하였다(사진 35). 사진 36은 아주 소규모의 플라워 숍으로 바쁜 시간에 쉽게 구할 수 있는 용품들을 구비해놓았다.

d. 그 외 파리의 개인 플라워 숍

앞서 이야기한 것처럼 프랑스 전역에는 작지만 정감이 가는 개인 플라워 숍들이 많이 있다. 먼저 파리의 개인 플라워 숍을 몇 군데 살펴보자.

사진 37번은 파리의 한 플라워 숍으로 분화와 디쉬가든 위주로 판매하고 있으며

(37, 38) 파리의 플라워 숍 (39, 40) 파리의 장미 전문 플라워 숍

양쪽의 기둥모양의 헤데라분은 1년 내내 따로 관수하지 않아도 잘 자란다.

다음은 절화나 작품 위주보다는 분화나 회향목 토피어리를 주로 파는 플라워 숍(사진 38)이다.

또한 4~5평 남짓한 공간으로 장미만 전문으로 다루는 플라워 숍도 있는데 쇼윈도 위에 적힌 대로 한 작품당 4.5유로(약 6,000원)이면 프랑스에서는 매우 싼 가격이다(사진 39, 40).

아주 작은 규모의 플라워 숍(사진 41)도 가끔 볼 수 있는데 사진에 보이는 것만큼이 딱 가게 크기이다.

마지막으로 소개한 곳은 핼러윈을 전후해서 호박으로 만든 개성 있고 앙증맞은 작품들을 선보이는 것도 개인 플라워 숍의 특권이다(사진 42).

e. 그 외 지방의 개인 플라워 숍

사진 43~45번은 외부와 내부로 테라리움이나 다양한 소품들을 활용한 작품들이 많은 개성이 뚜렷한 숍이다. 플라워 숍이 아늑해 마치 집에 있는 느낌을 준다.

사진 46, 47번은 거의 생화에 가까울 정도로 정교한 플라스틱 조화만을 전문적으로 파는 숍이다.

사진 48번에서는 바구니와 모자를 이용한 플라워 디자인이 이채롭다. 꽃을 신선하게 오래 유지하기 위한 물을 흰색 포장지로 깔끔하게 감췄다. 사진 49번은 주문에 따라 때와 장소에 어울리는 작품을 만들어서 대여해주는 플라워 숍으로 유럽에서도 흔하지 않은 곳이다.

사진 50번에서는 재미있는 캐릭터 모양의 화기를 이용한 작품이 눈에 띄는 플라워 숍으로 전체적으로 앤티크한 분위기의 소품들을 많이 이용한 것이 한눈에 들어온다. 유럽의 많은 플라워 숍들이 이러한 분위기의 가구나 소품들을 이용해서 플라워 숍을 연출한다.

(41, 42) 파리의 개인 플라워 숍 (43~45) 캉브레 지방의 플라워 숍

그 외 지방의 개인 플라워 숍

02

구석구석 들여다본
프랑스의 정원과 공원

1) 프랑스의 공공 정원

이제는 프랑스의 정원과 공원을 간단히 살펴보자. 워낙 많은 수의 정원과 공원이 산재해 있는 프랑스이기에 전체를 다 둘러볼 수 있다면 더할 나위 없이 좋겠지만 여기서는 맛보기로 몇몇 유명 정원을 둘러보도록 하겠다.

우선 성(château) 주위의 정원을 몇 군데 살펴보기로 하자. 유럽의 성에 있는 정원의 등급과 품격은 성의 품격을 평가하는 중요한 요소가 되었다. 물론 성의 양식이 변함에 달라 정원의 형식도 달라진다. 외적으로부터 신변 보호를 우선으로 하던 중세의 성은 성 내부에 자연을 가꿀 만한 여유가 없었고, 정원이 발달되기 시작한 때는 왕권이 안정되기 시작한 프랑수아 1세 때부터이며, 앙리 4세 시대에 이르러 정원 만드는 것이 크게 유행하게 되었다. 프랑스식 정원은 기하학적 무늬를 중심으로 한 조성과 배치를 그 특징으로 한다.

a. 베르사유(Versailles) 궁전 정원

유럽의 황금시대의 궁전 정원이라고 불릴 만큼 유사 이래 가장 크고 가장 화려한 궁전과 정원으로 태양왕 루이 14세(Louis XIV)에 의해 건설되었다. 당시 천재 조경사

(51) 베르사유 궁전 정원

였던 르 노트르(Le nôtre)가 지휘하여 설계한 이곳은 원래는 늪지대였는데 전국에서 막대한 흙을 끌어다가 토대를 다지고 삼림을 옮겨 심었으며, 분수를 만들기 위해 강의 흐름을 바꾸고 거대한 펌프를 사용하여 센 강의 물을 15m나 고지대로 끌어 올리는 작업을 하였다. 호사스러움을 이용하여 귀족 세력을 무력화하려던 루이 14세의 전략이 오히려 나중에 1789년 프랑스 대혁명을 불러일으키는 원인이 된 것은 역사의 아이러니라 하겠다. 1662년에 시작된 정원 공사는 1710년에 완료, 약 50년에 걸쳐서 완성되었다.

가운데 분수를 중심으로 양쪽이 대칭형인 평면 화단으로, 양탄자 무늬를 만들듯 기하학적으로 도안된 양탄자 화단(Floral Carpet Bed)이다(사진 51). 영국식 정원은 자연미를 강조하는 데 반해서 프랑스 정원은 중심축을 기준으로 대칭미, 균형미, 정형미,

(52) 베르사유 궁전 운하

기하학적 무늬를 핵심으로 한다. 가로수나 울타리용으로 자주 사용된 회향목, 향나무, 사철나무류를 정형적으로 다듬어놓은 것을 보면 잘 알 수 있는데, 마치 거대한 나무 토피어리를 보는 느낌을 준다.

사진 52번은 잘 조성된 잔디밭 쪽에서 운하를 건너 바라본 풍경이다. 양옆으로 늘어선 가로수들을 네모반듯하게 전정해놓은 모습이나 가로수와 운하의 배치를 보더라도 기하학적인 미학을 최대화하려는 모습이 엿보인다. 사진 51의 왼편에 보이는 궁, 본 건물에서 이곳 운하까지의 실제 거리는 상당하지만 공원의 기하학적 배치 때문에 바로 앞에 있는 것처럼 보이는 눈속임까지 동원하였다.

분수도 화단도 모두 기하학적 정형성을 갖추고 있다. 베르사유 정원은 자연을 건축 구조물의 하나로 인식하고, 인간의 의지에 따라 재단하는 프랑스 정원 미학의 정수이다(사진 53~55).

b. 콩피에뉴(Compiègne) 성안의 정원

콩피에뉴 성은 프랑스 군주제 최후의 궁전으로 루이 15세가 건설을 시작하여 완성을 보지 못한 채 혁명의 소용돌이에 휘말리게 된 곳이다. 나폴레옹 1세가 프랑스 혁명으로 망가진 이 궁전을 영국식 정원 형태로 다시 수리, 개축해서 나폴레옹 3세 시대에 이르러서는 수많은 연회와 수렵대회가 열리기도 했다. 유럽 어느 시청 앞이나 다 마찬가지이겠지만 프랑스의 시청 앞은 정말로 시민들의 휴식 공간이나 다름없다. 라벤더, 해국 등 다양한 꽃과 식물들을 예쁘게 조성해놓았다(사진 56, 57).

c. 퐁텐블로(Fontainebleau) 성 주위 정원

퐁텐블로 성은 중세 봉건시대의 카페 왕조에서 나폴레옹 3세까지 프랑스 역대 왕조의 역사가 함축되어 있는 곳으로 베르사유 궁전 정원보다는 호화로움이 덜하지만 성 주변의 광대한 숲은 역대 왕후와 귀족들의 사냥터로 널리 사랑받았다. 프랑수아 1세가 이끈 프랑스 르네상스의 요람과도 같은 이곳은 이탈리아로부터 건너온 많은 르네상스 예술가들의 활동 무대가 되었다.

화려한 아르누보식 정문 층계가 유명한 퐁텐블로 성 뒤쪽으로는 프랑스에서도 손꼽히는 식물 정원이 있다(사진 58, 59).

d. 샹티이(Chantilly) 성 정원

이곳은 16세기에 지어진 것으로 역시 르네상스 건물 양식이다. 쉬농소 성만큼이나 화려한 성에 속한다. 역사가 오래된 만큼 성을 소유한 주인의 취향에 따라 영국식 정원, 프랑스식 정원, 중국식 정원 등이 다양하게 혼재되어 있다. 샹티이 성 입구에 들어서자마자 광활한 푸른 잔디가 펼쳐져 있고(사진 60), 성 한쪽에는 연못이나 강의 물을 다양하게 이용한 영국식 정원(사진 61)의 모습이다.

'사랑의 성'이라 불린 이곳은 여기서 사랑하는 연인이 키스하면 영원히 사랑하게

(53) 베르사유 궁전 분수 (54, 55) 베르사유 궁전 정원 (56, 57) 콩피에뉴 시청 정원

(58, 59) 퐁텐블로 성 주위 정원 (60) 샹티이 성 입구 (61) 샹티이 성 영국식 정원 (62) 사랑의 성 (63) 샹티이 성 카페

된다고 해서 많은 연인이 이곳을 오면 꼭 찾는 곳이다(사진 62). 중국식 정원 내에 작은 카페가 설치되어 있다(사진 63).

2) 프랑스의 가정집 정원

파리를 중심으로 대도시에 사는 사람들은 정원이 딸린 집보다는 아파트에서 많이 사는 편이다. 그래서 정원을 대신해서 주로 꽃을 볼 수 있는 제라늄이나 펠라고니움, 페튜니아 등의 식물들을 창가에 심는다.

꽃 색깔이 밝고 화려한 식물을 많이 키우는 이유는 남쪽 지방을 제외한 프랑스의 대다수 지역에서 잦은 비로 인해 어두운 날이 더 많아서 밝은색의 꽃들을 창가에 심어줌으로써 밝은 분위기를 유도하기 위한 것이다. 반면 집안에서는 직접 조명을 쓰는 우리나라에 비해 밝은 빛을 피하고 간접 조명을 주로 쓰는데 이는 밖이 주로 어둡기 때문에 그에 맞춰서 조절한 것으로 보인다.

프랑스에 있다가 우리나라에 오면 실내가 너무 밝아 눈이 피로할 때가 있고, 반대로 우리나라에서 프랑스에 가면 어두운 실내 때문에 답답하게 느껴질 때가 많다(사진 64).

프랑스 북부 지역의 가정집으로 조그마한 정원이 집 앞쪽으로 있으며 식물을 이용한 울타리가 충분한 차폐 효과를 보여준다(사진 65, 66).

도심에서 벗어날수록 집 앞에 따로 대문을 만들지 않고 이처럼 정원으로 외부와 경계 구분만 해둔 집들이 많이 있다. 길을 가다가 집집마다 예쁘게 가꿔놓은 정원을 보고 있노라면 이곳 사람들의 넉넉하고 여유로운 삶의 모습이 전해진다. 크리스마스와 같은 명절에는 그 명절에 맞는 장식이 더해져 환상적인 분위기를 만든다(사진 67).

파리에서 남쪽으로 살짝 내려온 작은 교외 마을이다. 앞서 본 북부 지역보다 햇살의 색감이 크게 다름을 알 수 있다. 파리 교외 지역이나 지방 곳곳의 작은 마을들에서는 앞마당을 예쁘게 가꿔놓은 집들을 흔히 볼 수 있는데 이런 곳을 지날 때면

(64) 프랑스의 가정집 정원 (65~67) 프랑스 북부 가정집 정원 (68) 파리 남쪽 교외 가정집 정원 (69) 파리 서쪽 가정집 정원

일상에서 지친 마음이 편안해짐을 느낀다(사진 68).

　파리 서쪽 지역에서는 이런 모양의 집들을 자주 보게 되는데 이 집은 주로 분화를 이용해서 앞마당을 예쁘게 꾸며놓았다(사진 69).

　퐁텐블로 숲 근처의 심플한 집 정원이다. 유럽을 여행하게 되면 지역마다 집의 지붕 모양이나 창틀 모양들이 조금씩 다름을 알 수 있는데 춥고 햇볕이 적은 곳에서는 지붕이 굉장히 뾰족하고 창문이 그리 크지 않은 반면 햇볕이 많은 곳은 창이

(70) 퐁텐블로 숲 근처의 가정집 정원 (71~74) 프랑스 가정집 정원

(75, 76) 프랑스 가정집 포타제

넓고 크다(사진 70).

　앞서 본 사진들에 비해 좀 더 전통풍이 나는 집의 정원이다. 아무래도 공간이 넓어 보다 시원한 조경을 해놓았음을 알 수 있다(사진 71, 72).

　울타리 역시 키가 큰 식물을 이용하여 센스 있게 차폐 효과를 내고 있다(사진 73, 74).

　포타제(potager)라고 불리는 텃밭을 가진 집들도 많이 있다. 여기서는 시설 하우스를 이용한 포타제를 볼 수 있다. 주로 포타제에서는 집에서 쉽게 요리해 먹는 토마토류의 채소를 키운다. 텃밭이라고는 하나 상업적 생산을 목적으로 하지 않아 다양한 채소들을 심어놓았기 때문에 멀리서 보면 마치 정원을 보는 듯한 착각을 불러일으키는 곳도 많이 있다. 사진 속의 집은 파리 남부 외곽 지역에서 촬영했다(사진 75, 76).

이게 바로
프랑스 플라워 디자인이다

플라워 디자인은 공식이 아니다.
규칙을 가진 자유로움이다.

극단적인 비약인지는 몰라도 유럽과 웨스턴 플라워 디자인의 기본이 결국 식물을 지탱해주고 수분을 공급해주는 역할을 해주는 플로랄 폼(오아시스)을 감추는 것을 목적으로 한다면, 어떻게 그리고 소재를 얼마만큼 사용해서 플로랄 폼을 감추느냐에 따라 플라워 디자인의 형태가 나누어진다고 할 수 있다. 물론 사용하는 용기에 따라 플로랄 폼의 사용이 완전히 배제되는 경우도 있다. 이를테면 투명용기를 활용한 작품일 때 플로랄 폼의 사용이 대부분 배제된다. 또한 플로랄 폼을 오히려 강조하는 컬러 플로랄 폼을 사용해서 만든 디자인도 있다.

앞으로 다뤄질 프랑스 플라워 디자인의 세 가지 형태인 클래식, 모던 클래식, 모던화 디자인, 더 나아가 컨템포러리 디자인도 결국 위에서 언급한 '플로랄 폼을 무엇을 가지고 어떻게 가릴 것이냐'라는 주제를 가지고 나누어진다고 할 수 있다.

01

기초를 튼튼히,
〈클래식 플라워 디자인〉

클래식 플라워 디자인은 고대 그리스, 로마 플라워 디자인의 영향을 많이 받아서 생성된 디자인이다. 그러면 고대 플라워 디자인, 클래식, 모던의 시기를 어떻게 규정짓느냐의 기준은 다음과 같이 설명할 수 있겠다.

역사적으로 볼 때 고전주의는 관련 문화 분야에 따라 각기 다른 시기, 또 다른 형태로 나타났는데 유럽에서도 고전주의가 가장 발달한 나라는 프랑스였다. 문학 분야에서만 하더라도 프랑스의 극문학은 고전주의를 가장 잘 보여주는 작품들이 즐비하다. 그렇다고 해서 고전주의 문학가들이 자신을 스스로 고전주의라고 칭했던 것은 아니다. 빈틈없는 구성 그리고 명료한 언어와 주제, 상황, 인물 설정 등을 통해 인간의 보편적인 진실을 표현하고자 노력했던 작품들의 공통적 성향을 이전, 이후에 나타난 예술(藝術) 사조(思潮)와 비교하여 고전주의라 명명한 것이다. 미술 분야에서 고전주의는 무엇보다도 균형감이 뛰어나야 하고 안정적인 작품 구도와 구조가 중요시되었다.

이에 비해 모더니즘은 19세기 말엽과 20세기 초에 일어난 예술 운동과 경향을 의미한다. 모더니즘은 예술 운동으로 이해하는 것이 좋으며 전위적이고 실험적인 시도가 이 짧은 기간 동안 많이 이루어졌다. 플라워 디자인에서는 클래식 디자인은 고대 그리스, 로마 디자인의 영향을 가장 많이 받아서 생성되었고 모던 디자인은 클래

Concours, International D'art Floral, Paris 2004, 1st prize, Bouquet
d'epoque(1500~1930)

식 디자인의 형식과 전통을 뛰어넘어 좀 더 세련되고 자유로운 구성으로 나타났다.

프랑스의 플라워 디자인은 전통적으로 클래식 플라워 디자인을 바탕으로 한 변형이다. 여기서 클래식 플라워 디자인이란 가장 자연에 가깝게 꽃을 배치하고 손질하는 디자인을 의미한다. 이를 위해 높이-넓이-깊이-교차선/부가물-포컬 포인트로 대변되는 5개 주요 구성 요건을 충족시켜 운동감 있고 풍요로운 디자인을 만들게 된다. 프랑스에서 플라워 디자인의 개념적 정의를 이해하기 위해 유러피언 플로랄 아카데미(EUROPEAN FLORAL ACADEMY) 협회장인 모니크 고티에(Monique Gautier) 여사의 말을 인용한다.

플라워 디자인을 상징적으로 가장 간단하고 또 명확하게 보여주는 예는 바로 땅에 뿌리를 박고 서 있는 나무다. 나무를 보자. 나무에는 높이가 있으며 그 식생적 특징에 따라 다양한 형태로 공간을 차지하는 넓이가 있다. 모든 가지는 이 뿌리로부터 솟아 나오는 것이다. 이 가지들이 가지는 깊이와 입체감을 통해 나무의 아름다움이 구체화되며 이는 곧 나무의 균형미인 동시에 생동미가 된다. 자연은 평면적이지 않으므로 사방 어디를 둘러보더라도 생명력이 느껴지는 것이다.

이러한 정의로부터 우리는 플라워 아트의 가장 기본적인 원칙을 찾을 수 있으며, 이 원칙은 꽃이라는 생명을, 규칙이라는 기본 구조를 중심으로 운동성 있게 배치함으로써 실현된다. 그중에서도 클래식 플라워 디자인은 플라워 디자인을 배우는 데 있어 가장 기초적인 규칙을 익히기 위해 배우는 디자인으로, 피아니스트들에겐 음계와 같고 가수들에겐 발성 연습과 같은 것이다.

Monique Gautier, Le livre du Bouquet, Rustica, 1996

이처럼 프랑스 플라워 디자인의 시작이 되는 클래식 플라워 디자인의 형태는 식물성 재료의 선택, 또 색깔의 조화와 자연스러움을 강조하는 데에 그 목적이 있다. 즉, 클래식 플라워 디자인은 앞서 언급한 나무의 예를 가장 잘 보여주는 디자인이다. 기부에서 올라와 공간을 장식하는 클래식 플라워 디자인의 형상은 자연의 모습을 대표한다고 할 수 있다. 따라서 클래식 플라워 디자인은 기본적인 규칙(rule)이 있으며 이 기본 규칙은 크게 다음과 같이 분류한다. 이것은 꽃 장식의 기본 요소로서 어느 것 하나 중요하지 않은 게 없다.

- 높이(height): 부케를 구성하는 수직적 기본 요소이다.
- 넓이(width): 수평으로 각 꼭짓점을 잇는 수평적 기본 요소이다.
- 깊이(depth): 플라워 디자인에서 가장 중요시하는 기본 요소로서 앞쪽 깊이와 뒤쪽 깊이로 구분하고, 화기 높이에 비례하는 기본 요소이다(화기의 길이가 높아지면 깊

이의 길이도 길어진다).

- 포컬 포인트(focal point): 플라워 디자인의 심장 부분이라고 할 수 있고 높이의 기부에 자리 잡고 있다.
- 교차선/부가물(relief/annexe): 높이와 다른 점이 있는 요소들로서, 높이보다는 낮게 시작해서 점점 길이가 짧아지면서 기부까지 내려오는 것을 말한다. 부가물이라고도 부른다.

위의 규칙들을 기본으로 다양한 플라워 디자인이 생성된다. 그러나 위의 규칙, 특히 각 요소 간의 비율은 매우 엄격하게 유지된다. 풍성하면서도 화려한 클래식 플라워 디자인은 전통적 규칙을 가장 엄격하게 지킨다는 점에서 볼 때 플라워 아트의 전통에 가장 부합되는 디자인이다. 클래식 플라워 디자인에서 창조성은 이러한 엄격한 규칙성이라는 제한 요소 때문에 소재의 선택과 색상의 조화를 통해 구현하게 된다.

Monique Gautier, Le livre du Bouquet, Rustica, 1996

클래식 플라워 디자인, EFDF

02

우리는 현대인,
〈모던 플라워 디자인〉

역사 속의 디자인 흐름이라는 의미는 "항상 화려함과 단순함 사이를 왕복하는 진자(振子, pendulum)와 같다"고 이야기할 수 있다. 모던 디자인은 근대에 전개된 디자인으로 보통 단순하고 명쾌한 형태나 기능미를 나타내는 형태 등을 노리는 디자인 경향을 가리킨다.

현대의 꽃 예술은, 미술 분야에서 개발된 이론에 근거해서 형(形), 색(色), 질(質) 등의 구성 이론을 발전시켰다. 그 표현에서도 사실적 표현 외에 추상적인 비사실적 표현이라든가 오브제를 이용한 작품 등 현대 예술의 한 분야로서 다양한 표현을 창안해내고 있다. 따라서 모던 플라워 디자인을 이야기할 때에 앞서 정의한 클래식 플라워 디자인(classic flower design)과 뒤에서 보게 될 모던화 클래식 플라워 디자인(modernized classic flower design)을 언급할 필요성이 있는 것이다. 모던 플라워 디자인(modern flower design)은 생성과 발전 단계에서 이 두 가지 디자인과 영향을 주고받았다.

그러나 모던 플라워 디자인은 앞의 클래식 디자인과 앞으로 설명할 모던화 클래식 디자인보다 규칙성이 아예 배제된, 전혀 다른 구성을 이루고 있는 디자인이라 하겠다. 현대 예술에 가장 큰 영향을 끼친 포스트모더니즘은 근대 사회의 문화적, 시대적 구조에서 탈피하려는 경향으로, 예술 각계에서 혁신적 스타일을 탄생시켰다. 모던 플라워 디자인은 이처럼 꽃을 위주로 이루어지던 고대 부케 스타일의 꽃 장식에서 벗어나서 엽란이나 바나나 잎, 몬스테라, 호스타, 코르딜리네, 신서란, 판다누스, 드라세나, 쿠르쿨리고 혹은 다음 사진에서 보듯 안수리움 잎 등 크고 시원스럽게 넓은 다양한 잎을 꽃 장식에 사용함으로써 아주 세련되고 우아한 디자인으로 발전된 스타일이라 하겠다. 모던 플라워 디자인의 특징은 무엇보다도 형식에 얽매이지 않는 디자인으로서, 장식적인 요소가 강하다는 점이다.

(4～6) 모던 플라워 디자인, EFDF (7) 모던 플라워 디자인, Monique GAUTIER

03

전통미를 현대적 감각으로,
〈모던화 클래식 플라워 디자인〉

말 그대로 '클래식 플라워 디자인을 모던화시킨' 디자인을 의미한다. 가장 최근에 발생된 디자인의 흐름이며 다양한 클래식 플라워 디자인을 대상으로 현재도 연구가 이루어지는 디자인 양식이다. 자연미가 물씬 풍기는, 그러나 부피가 너무 커서 무거워 보이는 클래식 플라워 디자인에 비해서 조형미의 간결함이 돋보이지만, 지나치게 차가울 수 있는 모던 디자인 사이의 격차를 메우고자 창조되었다. 따라서 모던화 클래식 플라워 디자인은 클래식 플라워 디자인에서 요구되는 규칙성은 그대로 유지되는 가운데, 작품이 가지는 시각적인 무거움을 해소하기 위해 소재의 사용량을 줄인 디자인이다. 그리고 클래식 디자인에 비해서 구성을 좀 더 자유롭게 해줌으로써 클래식 플라워 디자인과 모던 플라워 디자인의 장점을 고루 갖추고 있다. 따라서 모던화 클래식 플라워 디자인 역시 높이-넓이-깊이-교차선/부가물-포컬 포인트로 대변되는 클래식 플라워 디자인의 5개 주요 구성 요건 규칙을 그대로 준수하고 있지만, 클래식 디자인보다 조금은 자유로운 모습을 보여준다. 다시 말해서 모던화 클래식 플라워 디자인은 결국 클래식 디자인에서 모던 디자인으로 나아가는 통로라고 하겠다.

모던화 클래식 플라워 디자인, Sylvie PLAYS

04

기타 디자인

1) 간결한 멋이 돋보이는, 〈식물성 플라워 디자인〉

한 작품에 꽃을 전혀 사용하지 않고 녹색(Green foundation)만으로 디자인하거나 화기 자체를 사용하지 않고 플로랄 폼을 이용해서 그린 잎 등으로 감싼 것을 용기 자체로 이용하거나 호박, 코코넛 껍질, 사과, 오렌지 등의 식물성 소재를 화기 자체로 사용해서 그 위에 플라워 디자인한 것을 말한다. 다양한 색상을 사용해서 만든 디자인에 비해 간결하면서 세련된 멋을 더해준다.

꽃양배추를 한 겹 한 겹 로제트 모양으로 쌓아주었는데 마치 배춧속에 분홍색의 국화꽃이 피어 있는 듯한 느낌으로 배열한다. 연핑크, 그린 톤의 색상 조화도 염두에 두는 것이 중요하다(사진 9).

피망과 가지를 화기 대신 이용했다. 색상의 조화를 위해서 그린 톤의 피망에는 연그린 국화와 열매, 종려죽을 사용했고 짙은 보라색의 가지 위에는 붉은빛이 도는 수국을 유사색으로 사용했다(사진 10).

그린 잎만으로 한 작품을 완성했다(사진 11). 자칫 잘못하면 잎사귀 덩어리를 뭉쳐 놓은 것처럼 보이기 쉬우므로 잎을 둥글게 말아주면서 공간을 확보해야 한다. 이때 아래쪽보다는 위쪽의 잎의 공간을 크게 확보해야 전체적으로 작품이 무거워 보이

(9, 11, 13, 14) 식물성 플라워 디자인, Marie de CHAMBORD (10, 12) 식물성 플라워 디자인 Sylvie PLAYS

지 않으며 역동적인 형태를 갖출 수 있다. 또한 아래쪽의 잎은 공간을 작게 만들어 주면 줄수록, 전체 디자인이 안정감을 가지게 된다. 따라서 식물성 플라워 디자인 의 경우, 특히 그린 소재만 이용하는 경우에는 용기와 디자인에 맞게 잎의 질감과 특성을 잘 파악하여 시각적인 비율을 따져가면서 디자인해야 한다.

사과, 코코넛 껍질, 호박을 화기 대신 사용한 식물성 플라워 디자인의 예이다(사진 12~14).

2) 꽃은 소재일 뿐, 〈추상적 플라워 디자인〉

말 그대로 추상적인 소재를 이용해서 만든 디자인으로 전체적인 작품 이미지도 추 상적인 느낌이 강하게 나타나는 디자인이라 할 수 있다. 예를 들어서 장미를 사용 할 때 장미 꽃잎을 다 떼어내 버리고 가운데 꽃씨 부분만 사용한다든지 해바라기 꽃에서 노란 꽃잎을 다 떼어내 버리고 가운데 씨 부분만 사용하는 것 등을 말하는 데 소재로는 식물뿐만 아니라 금속이나, 나무껍질, 잎에서 뽑은 실 모양의 줄기 등 이 다양하게 사용되고 있다. 핵심은 추상적 플라워 디자인에 사용된 소재들을 소재 그 자체가 갖는 아름다움을 강조하기보다는 어딘가에 인위적인 힘을 발휘했다는 이미지가 강하게 드러날 수 있도록 해주는 것이다. 즉, 식물 소재가 식물 자체의 아 름다움이 돋보이도록 사용되는 것이 아니라 작품을 구성하는 아티스트의 의도에 따라 사용되는 소재의 일부가 되어버리는 것이다.

3) 유행에 민감한, 〈컨템포러리 디자인〉

동시대의 부케란 뜻으로, 21세기를 살아가는 우리가 느끼기에 올해 봄과 그 이듬해 봄 패션 사이의 유행 경향이 다르듯, 플라워 디자인에도 그때그때 다른 유행을 선 도하는 디자인이 존재한다. 예를 들어 핸드타이드에서 모던 플라워 디자인과 컨템 포러리 플라워 디자인을 비교해보면 모던 플라워 디자인은 전체적으로 둥근 느낌

컨템포러리 플라워 디자인, 윤효순(Cecilia YOON)

이 나게 디자인하는 반면에 컨템포러리 플라워 디자인은 전체적으로 둥근 느낌이
나면서도 어느 한쪽 부분을 강조하여 뾰족하게 한다든지 전체적인 형태가 원(round)
의 형태가 나오지 않도록 디자인함을 알 수 있다. 또 요즘 컨템포러리 핸드타이드
의 손잡이 부분은 나선형보다는 평행형으로 제작하는 추세를 보인다. 더 자세한 설
명은 chapter 04 컨템포러리 핸드타이드와 컨템포러리 리셉션 플라워 디자인 부분
에서 다뤄보도록 하겠다.

프랑스 플라워 디자인에
본격적으로 도전하자

꽃은 꽂는 것이 아니다.
소재 사이에 미끄러뜨리는 것이다.
- 모니크 고티에(Monique Gautier)

01

프랑스 플라워
디자인의 정의

꽃은 그냥 꽃병에 꽂아만 두어도 아름다울 수 있지만, 아무런 생각 없이 꽂는 것보다는 어떤 의미를 두고 디자인의 몇 가지 원칙에 따라서 작품을 구성하다 보면 훨씬 더 아름답고 예술적인 작품이 탄생됨을 알 수 있다.

그래서 플라워 디자인이란 자연의 아름다움을 간편하게, 그리고 좀 더 오래 보전하고 즐기고자 하는 인간의 욕망으로부터 시작되었다고 할 수 있다. 그러므로 플라워 디자인이 시대와 국가, 국민의 특성을 반영하는 것은 당연한 일이며, 이는 고대 이집트에서 시작하여 그리스, 로마를 거쳐 유럽 전역에서 발달한 유럽 플라워 디자인을 보더라도 한눈에 알 수 있다. 플라워 디자인의 구조미와 식물의 식생성을 강조한 독일 플라워 디자인, 자연미를 보다 강조한 영국의 플라워 디자인, 구조적 엄격성이 독일에 비해 강조되지 않으면서도 나름대로 강한 규칙성을 요구하는 네덜란드의 플라워 디자인, 그리고 아직도 고전적인 플라워 디자인의 형태를 많이 유지하고 있는 이탈리아 디자인의 발달 과정과는 다르게 프랑스 플라워 디자인은 나름대로 클래식, 모던 그리고 모던화 클래식이라는 세 가지 흐름을 만들어내었으며, 계속하여 변화해 나아가고 있다. 또한 유럽의 문화와 역사의 교차로에 위치하고 있기 때문에, 다양한 문화가 소통되고, 혼합되어 조화로운 문화로 발전된 프랑스에서 유럽 각국의 특색과 색깔이 고루 가미된 고급스러운 플라워 디자인이 발전되는 것은 그리 놀라운 일이라 할 수 없을 것이다.

클래식 플라워 디자인은 프랑스의 절화 예술을 이해하기 위해 반드시 배워야 하는 고전적인 형식의 플라워 디자인이다. 이것은 풍성한, 더 나아가 오히려 무겁다고 느껴질 정도로 많은 양의 소재를 사용하는 형식으로 주로 표면적이 넓고 큰 잎보다는 꽃을 많이 사용하였다. 또한 고전적이니만큼 형식과 규칙이 중요시되었는데 그 이유는 고대 플라워 디자인의 영향을 많이 받았기 때문이다.

모던 플라워 디자인에서 꽃은 더 이상 꽃이 아니라 화기나 액세서리와 마찬가지로 단순히 구조를 구성하는 소재에 불과하다. 모던 플라워 디자인은 꽃의 미학을 세밀히 분해하고 이를 재구성하는 것이 목적으로, 동적인 움직임이 크게 강조되고 있었다. 따라서 플로리스트의 창조력이 어느 플라워 디자인보다 더 요구되는 디자인이기도 하다.

모던화 클래식 플라워 디자인은 그에 비해 가장 최근에 개발된 형식으로 말 그대로 클래식 디자인을 모던하게 변화시킨 것이다. 클래식 디자인의 무거움과 정적인 요소에서 벗어나기 위해 소재를 많이 배제하고, 잎 소재를 이용하여 경쾌함과 역동성을 강조하고 있다.

이와 같은 세 가지 스타일을 비교, 정리하면 다음과 같다.

- 프랑스 플라워 디자인은 절제된 절제미와 개인적 독창성을 바탕으로 끊임없이 변화를 추구하고 있다.
- 프랑스 플라워 디자인에서 규칙이란 보다 조화로운, 그래서 보기에 아름다운 플라워 아트를 구현하기 위한 도구일 뿐, 이를 종교 의식처럼 숭앙해야 할 절대 불변의 진리는 없다.
- 프랑스 플라워 디자인의 변화를 직접 대변하고 있는 모던화(化) 클래식 디자인은 아직까지도 그 정형이 완전히 정립되지 않았으며, 현재도 변화의 시기를 겪고 있다.

한 번 더 강조하지만 프랑스의 플라워 디자인은 전통적으로 클래식 플라워 디자인을 바탕으로 한 변형이다. 여기서 클래식 플라워 디자인이란 가장 자연에 가깝게 꽃을 배치하고 손질하는 디자인을 의미한다. 이를 위해 **높이**(height), **넓이**(width), **깊이**(depth), **교차선/부가물**(annexe/relief), **포컬 포인트**(focal point)라는 5개 주요 구성 요건을 충족시켜 운동감 있고 풍요로운 디자인을 만든다. 특히 교차선을 이용해서 깊이감을 덧붙인 디자인은 평면적이지 않고, 마치 살아 있는 자연을 느낄 수 있게 한다.

앞에서도 언급한 바 있지만 모니크 고티에(Monique Gautier)는 플라워 디자인을 특징적으로 가장 간단하게 표현하기 위해, 땅에 뿌리를 박고 서 있는 나무를 예로 들었다. 나무는 높이가 있으며, 그 식생적 특징에 따라 다양한 형태로 공간을 차지하는 넓이를 가지고 있다. 모든 가지는 이 뿌리로부터 솟아 나오는 것이다. 깊이와 입체감을 통해 나무의 아름다움이 구체화되며, 이는 곧 나무의 균형미인 동시에 생동미가 된다. 모니크 고티에는 "자연은 평면적이지 않으며, 따라서 사방 어디를 둘러보더라도 생명력이 느껴지는 것이다. 이러한 정의로부터 우리는 플라워 아트의 가장 기본적인 원칙을 찾을 수 있으며, 이 원칙은 생명을 중심으로 이루어지는 운동성을 바탕으로 실현할 수 있다"고 플라워 디자인을 정의했다.

다음은 부케(bouquet) 혹은 플라워 디자인(flower design)이란 용어에 대해서 잠시 살펴보도록 하자.

프랑스에서는 플라워 디자인을 보통 부케라는 용어를 사용하여 표현한다. 이 용어의 사전적 의미는 다음과 같다.

- 향이 있는 관목, 꽃 혹은 풀을 집중적으로 모은 다발(Larousse, 2002)

절화 예술에서 내리는 부케의 사전적 의미는 다음과 같다. 부케는 중세 북부 지역의 방언인 오일어(langue d'oïl)의 작은 숲을 지칭하는 'boscet'이라는 단어로부터 출발한 것으로, 일반적으로 다발을 의미한다. 예를 들어 포도주의 다양한 향을 부케라는 말로 표현하며, 텔레비전에서 제공하는 여러 프로그램을 통칭하는 말로도 사용한다(Wikipedia, 2007).

하지만 우리나라에서는 주로 신부 부케를 지칭하는 데에 사용되고 있다. 따라서 본 서적에서는 프랑스에서 주로 쓰이는 부케라는 용어를 지양하고, 포괄적인 의미에서 플라워 디자인이라는 용어를 사용했다.

클래식
플라워 디자인

1) 대칭/비대칭 삼각형

르네상스 시대부터 존재해왔던 디자인으로서, 대칭형 디자인에는 반드시 한 줄 이상의 대칭축이 있고, 소재는 좌우 대칭으로 배치한다. 비대칭은 기하학적인 요소가 대칭보다 더 강한 디자인으로, 시각적으로 좌우 비대칭이 확실하게 드러나 있다.

정사각형 화기 4개의 꼭짓점 중 한 곳이 오아시스의 꼭짓점과 일치하게 마름모꼴이 되도록 놓는다. 첫 번째 높이를 꽂을 때는 오아시스를 가로로 4등분, 세로로 2등분 한 것을 기준으로 해서, 뒤쪽의 1/4 지점에 약간 뒤로 젖혀지게 꽂는 것이 삼각형 클래식 플라워 디자인의 특징이다. 그리고 뒤쪽의 폭(depth)은 45° 정도 세워서 꽂는다(사진 1).

꽃의 길이를 똑같이 꽂으면 입체감을 살릴 수 없으므로 각각의 꽃은 다른 높이를 가지고 있어야 한다. 또한 모든 식물은 각각 삼각형 모양을 이뤄야 한다(사진 3).

앞의 대칭 삼각형 디자인과 비교해보았을 때, 비대칭 삼각형 디자인이 대칭 삼각형보다 두 옆선, 즉 환영선의 길이가 확연히 다름을 알 수 있으나 시각적으로는 크게 이상함을 느끼지 못한다. 이는 시각적 균형감을 맞춰 주었기 때문이다.

대칭 삼각형 디자인과 비대칭 삼각형 디자인의 공통점과 차이점을 알기 쉽게 표

(1~3) 클래식 대칭 삼각형 디자인, EFDF (4) 클래식 비대칭 삼각형 디자인, EFDF

를 이용하여 비교해보았다.

⟨표 1⟩ 클래식 대칭/비대칭 삼각형의 기본 구성 요소

구성	클래식 대칭 삼각형	클래식 비대칭 삼각형
높이	화기 높이의 2~2.5배	화기 높이의 2~2.5배
환영 넓이	작품 높이의 ⅔배	긴 쪽: 작품 높이의 ⅔, 짧은 쪽: 작품 높이의 ⅓배
교차선	삼각구도로 배치함	삼각구도로 배치함
앞선	작품 높이의 ⅓배	작품 높이의 ⅓배

뒤선	작품 높이의 ⅓배	작품 높이의 ⅓배
포컬 포인트	대칭축의 중심에 꽂음	대칭축의 중심에서 약간 어긋나게 꽂음

2) 초승달형

초승달형으로 구성된 작품은 자연의 우주공간을 표현한 것이며, 반복해서 대소 대비를 이루는 형태이다. 생성되고 소멸하는 달의 모습을 연상 이미지로 표현하였다.

클래식 초승달형 역시 대칭 삼각형과 마찬가지로 중심축을 기준으로 좌우 대칭으로 소재를 배열한다. 좌우, 앞뒤, 사방에서 볼 수 있는 디자인이기 때문에, 포컬 포인트를 앞쪽과 뒤쪽에 사선으로 꽂아주어 총 2개인 것이 특징이다. 사용된 식물 소재는 삼각구도를 이뤄야 시각적으로 안정적이고, 중심부에서 양 끝으로 갈수록 약간 떨어뜨리는 듯하게 디자인한다.

이런 종류의 S커브(hogarth)나 C커브(crescent) 등의 디자인은 아르누보(art nouveau)의 영향을 많이 받았다고 할 수 있다. 아르누보는 과거의 역사주의로부터 탈피하여 자유롭고 새로운 것을 창조하려는 움직임, 즉 유럽의 전통 예술에 반발, 혁신적인 새로운 예술을 수립하려는 19세기 후반의 자유분방한 조형 운동의 시초이다. 클래식 초승달형 디자인의 기본 구성 요소는 표 2에서 보는 바와 같이 일정한 규칙을 갖는다. 가장 기초가 되는 대칭, 비대칭 삼각형이나 초승달형의 경우, 기본 요소들을 반드시 숙지해두어야 한다.

(5) 클래식 초승달형 디자인, Slyie PLAYS (6) 클래식 초승달형 디자인(왼쪽 확대), (7) 클래식 초승달형 디자인(중앙 확대),
Slyie PLAYS (8) 클래식 초승달형 디자인(오른쪽 확대)

〈표 2〉 클래식 초승달형 디자인의 기본 구성 요소

기본 구성	클래식 초승달형
높이	약 15~20cm 정도(한 뼘 정도)
길이	화기의 높이와 같음(양쪽 길이)
4 diagonal	약 15~20cm 정도(한 뼘 정도)
앞선	약 15~20cm 정도(한 뼘 정도)
뒤선	약 15~20cm 정도(한 뼘 정도)
포컬 포인트	중심축을 중심으로 2개가 존재함

3) 갈란드(garland)

고대 이집트 시대 때부터 리스(화환)와 함께 오늘날까지 많은 사랑을 받아온 디자인
이다. 옛날에는 종교적인 용도, 결혼식장에서 주로 사용하였고 요즈음엔 그 용도가
다양해져서 리셉션, 예식장 천장 장식과 의자 장식, 테이블 센터 피스, 테이블 테두
리 장식 등 이용 가치가 높은 디자인 종류의 하나다. 비교적 둥글고 큰 꽃을 이용하
여 천장에 매단 형태로 주로 예식장의 천장 또는 의자 장식에 이용되는 갈란드가 있
는가 하면, 과일을 이용한 갈란드로 주로 테이블 장식에 많이 이용되는 것과 테이블
가장자리에 테이블 형태와 유사한 모양으로 디자인해준 갈란드 장식 등이 있다.

천장에 매단 형태로 처음부터 끝까지 이어서 만들기도 하지만, 두 부분으로 나눠
서 만든 다음 이어주기도 한다. 주로 면실을 사용하는데, 실을 한쪽으로만 돌리며
식물을 고정해야 한다. 그렇지 않으면 이동할 때 식물이 빠질 우려가 있다. 투명한
창 위나 대문 위 등에 주로 장식한다(사진 9, 12).

손님을 초대한 간단한 점심을 위하여 야외 테이블에 장식한 갈란드로 조그마한
열매나 과일 등을 이용하였다. 이때 갈란드 놓을 위치는 둥근 테이블이면 양 가장
자리의 손님이 앉지 않는 자리가 좋으며, 사각 테이블일 때는 사선으로 양 가장자
리에 짧게 배치하는 것이 예쁘다(사진 10).

무대 테두리를 장식한 갈란드로, 여러 가지 색상의 꽃을 사용하기보다는 무대의
전체적인 공간과 바닥 색상을 고려해서 붉은 계열의 색을 택했다(사진 13).

4) 피라미드형

클래식 디자인은 앞으로 언급할 모던 디자인보다 꽃을 많이 사용한 디자인이다. 원
뿔 형태의 오아시스에 꽃을 풍성한 느낌이 나도록 꽃과 작은 잎을 듬뿍 꽂아주는
형태가 있는가 하면 오아시스에 나선형 모양으로 꽃과 과일을 꽂아준 형태로 리듬
감이 돋보이는 피라미드 디자인 등이 있다.

(9) 클래식 갈란드, Morel and Schmitt (10) 클래식 갈란드, Monique GAUTIER (11) 클래식 갈란드, Morel and Schmitt
(12) 클래식 갈란드, EFDF (13) 클래식 갈란드, 평택시 남부문화예술회관 무대 장식, 윤효순(Cecilia YOON)

클래식 피라미드, EFDF

    꽃과 작은 잎을 소재로 만든 피라미드다. 먼저 얼굴이 큰 꽃을 아래에서 위쪽 방향으로 배치한다. 꽃을 놓는 위치는 삼각구도를 이루면서 꽂아주면 된다. 그다음 잔잔한 꽃과 잎을 꽂아주는데 처음 꽂았던 얼굴이 큰 꽃의 위치를 잘 파악해서 한 소재가 군락(mass)을 이루지 않게 골고루 균형감을 살려서 잘 꽂아준다.

    오아시스는 크게 3등분 한 것을 중심에 지지대를 꽂아 고정하며 높이 꼭짓점 부분은 오아시스를 남기지 않는다. 이는 꼭짓점 부분에 오아시스를 남겨도 꽃을 꽂기가 용이치 않으며 꽃대의 길이로 충분히 높이를 맞춰줄 수 있기 때문이다. 그리고 가상의 꼭짓점을 정하고 그 점으로부터 오아시스를 깎아내고 둥글게 다져준다(사진 14).

    귤, 꽃, 열매 소재를 나선형 모양으로 꽂아주는 것이 키포인트다. 밑 부분은 풍성함을 유지하기 위해서 갈락스 잎을 좀 더 많이 사용할 수 있다. 이와 같은 나선형 피라미드를 만들 때는 각 소재가 만드는 나선이 일정한 리듬을 가지고 그려질 수 있도록 조심해야 한다. 이를 위해 미리 오아시스에 선을 그려놓고 작업을 하기가 쉬우며 소재를 하나 끝내고 다른 소재를 꽂는 것이 작업하기 편하다(사진 15).

5) 라운드

삼각형이나 초승달형 디자인보다 갈란드와 더불어 가장 초기에 발생한 디자인 형태이다. 높이를 배제하고, 원기둥 모양의 오아시스를 다섯 부분으로 나누어 소재를 꽂는 것이 이 디자인의 기본 원리이다. 소재들의 높이를 각각 다르게 꽂아줌으로써 입체감을 표현하였다(사진 16, 17).

클래식 라운드, 강현경(KANG Hyun-gyeung)

03

모던화 클래식
플라워 디자인

1) 대칭/비대칭 삼각형

모던화 클래식 디자인은 모던 디자인이 이미 출현한 상태에서 디자인적 반발을 하기 위해 창조된 디자인이라고 할 수 있다. 또한 클래식 삼각형보다 꽃의 양이 많이 줄어든 대신 표면적이 크고 거친 잎 소재를 주로 사용한 디자인이다. 규칙은 클래식보다 엄격하지는 않지만 대부분 클래식 룰을 따르고 있다. 오아시스의 높이 역시 클래식보다 비교적 자유로운 편이며, 전체적인 구성 요건 또한 클래식에 비해서 자유롭다.

모던화 클래식 대칭 삼각형, EFDF

모던화 클래식 비대칭 삼각형, EFDF

다음은 모던화 클래식 대칭, 비대칭 삼각형을 비교한 표로 클래식 대칭, 비대칭 비교표와 큰 차이점은 발견할 수 없으나 포컬 포인트의 위치만 대칭축을 중심으로 약간 차이가 있다.

〈표 3〉 모던화 클래식 대칭/비대칭 삼각형의 기본 구성 요소

구성	모던화 클래식 대칭 삼각형	모던화 클래식 비대칭 삼각형
높이	클래식에 비해 자유로움 (화기 높이를 기준으로)	클래식에 비해 자유로움 (화기 높이를 기준으로)
환영 넓이	클래식에 비해 자유로움	클래식에 비해 자유로움
교차선	클래식에 비해 자유로움	클래식에 비해 자유로움
앞선	클래식에 비해 자유로움	클래식에 비해 자유로움
뒤선	클래식에 비해 자유로움	클래식에 비해 자유로움
포컬 포인트	중심축의 중심에서 약간 어긋나게 꽂아줌	중심축의 중심에서 약간 어긋나게 꽂아줌

앞에서 살펴보았듯이 모던화 클래식의 특징은 클래식보다 꽃이나 가지 줄기보다 잎 소재를 훨씬 더 많이 사용한다는 점이다.

2) 초승달형

앞서 살펴보았던 클래식 초승달형에 비해서 꽃의 양이 많이 줄어들었고 대신 잎 소재를 주로 사용한 디자인이다. 규칙은 클래식 룰을 따르면서도 클래식보다 엄격하지는 않다. 오아시스의 높이 역시 비교적 자유로울 정도로, 전체적인 구성 요건이 클래식과 비교하면 규칙에 크게 얽매이지 않는 편이다.

양 길이를 화기 길이와 비슷하게 코르딜리네로 정하였고, 부가물(annexe)로 판다

누스, 리비스토나(비로우 야자)를 사용했으며, 포컬 포인트로는 활짝 핀 시베리아 백합을 봉오리와 함께 꽂아주었다. 전체적인 느낌이 심플하면서도 우아한 멋이 강하다.

〈표 4〉 모던화 클래식 초승달형 기본 구성 요소

기본 구성	모던화 클래식 초승달형
높이	약 15～20cm 정도(한 뼘 정도)
길이	클래식에 비교해서 자유로움
4 diagonal	클래식에 비교해서 자유로움
앞선	클래식에 비교해서 자유로움
뒤선	클래식에 비교해서 자유로움
포컬 포인트	중심축을 중심으로 1～2개가 존재함

20

모던화 클래식 초승달형 1, Shigeko DOUIEB

21

모던화 클래식 초승달형 2, Shigeko DOUIEB

04

모던
플라워 디자인

1) 갈란드

클래식 갈란드와 쓰이는 용도는 비슷하지만 디자인과 소재 면에서 차이가 크게 나며 시각적으로도 뚜렷이 구별된다. 잎, 과일, 조개류 등 다양한 소재를 이용한 디자인이다. 주로 테이블 센터 피스용으로 많이 제작한다.

컬러 플로랄 폼을 이용했고 컬러 스티로폼 막대기로 플로랄 폼을 연결했다. 클래식 디자인보다 소재 면에서 훨씬 간결해졌고, 공간 확보 또한 클래식에 비해서 자유로워졌음을 알 수 있다. 코르딜리네와 달리아, 플로랄 폼 색상의 조화도 눈여겨볼 만하다. 코르딜리네 잎의 흐름은 양 끝점을 향해서 가는 듯한 느낌으로 구성했으며, 꽃의 얼굴 방향은 테이블 장식이니만큼 사방에서 다 볼 수 있는 디자인이기 때문에 향일성(向日性)과 배일성(背日性)을 다 지녀야 한다(사진 22).

다음은 센터 피스로 상당히 많이 사용되는 갈란드 디자인들이다.

플로랄 폼 3조각을 연결시켜서 드라세나와 셀룸 잎과 라넌큘러스 꽃으로 장식한 갈란드이다. 드라세나 잎은 끝부분을 둘둘 말아줌으로써 부드러운 곡선 이미지를 강조하였고 서로 연결성을 염두에 두면서 장식해야 한다(사진 23).

드라세나 잎으로 3조각의 원기둥 모양의 플로랄 폼을 연결시킨 것이 인상적인

(22) 모던 갈란드, EFDF (23) 모던 갈란드, 윤효순(Cecilia YOON) (24) 모던 갈란드, EFDF (25) 모던 갈란드, 윤효순(Cecilia YOON)

작품이다(사진 24).

마지막 모던 디자인은(사진 25) 3개로 나누어진 플로랄 폼을 엽란으로 연결해주었고 소재의 사용 면에서는 여러 가지 조개류와 방울토마토, 레몬 등의 과일을 사용하였다.

2) 피라미드형

피라미드 형식은 기하학적인 형태로 오래전부터 유럽 쪽에서 사랑받고 있는 디자인 중 하나다. 그리고 현대 미술에서 기하학적인 양식이란 과학적인 시각을 동반하여 점, 선, 면 등을 도식적 요소로 작품상에 비례와 균형을 유지시킨 순수 형태의 구성 양식을 뜻한다. 모던 피라미드의 전체적인 형태는 클래식과 크게 다를 바 없지만 역시 소재의 사용 면에서 차이점이 있다.

그린 계통의 색상만 사용하여 만든 디자인으로, 모던 플라워의 기본이자 기초가 되는 작품이라 할 수 있다. 플로랄 폼 1/2을 위로 여러 개 겹쳐 쌓은 다음 코팅된 대나무 꼬챙이 등으로 고정시킨다. 이때 코팅되지 않는 것을 사용하면 대나무가 시간이 지날수록 수분을 흡수하면서 플로랄 폼을 지탱해주는 역할을 제대로 하지 못하게 된다. 거의 피라미드를 감싸듯이 만든 사진 26번과 같은 작품이나 플로랄 폼의 형태를 기초로 리듬감 있게 디자인한 사진 27번과 같은 작품 모두 엽란으로 기저부분을 풍성하게 볼륨감을 많이 주었고, 피라미드 형태를 갖추기 위해서 위쪽으로 갈수록 볼륨이 사라짐을 알 수 있다. 특히 사진 28번 작품에서는 단조로움을 피하기 위해서 그린색 레몬으로 포인트를 주었다. 단 두 가지의 소재로 그린 잎의 장점을 최대한 살리면서 우아함의 자태를 잘 표현해낸 작품이다. 또 시각적으로 볼 때 전체적으로 상당히 안정감을 주는 디자인이다. 이처럼 그린 잎을 중심으로 작업하는 경우, 잎을 플로랄 폼에 고정할 때는 반드시 와이어로 U핀을 만들어서 사용하고, 잎과 잎을 연결해서 고정하고 싶을 때는 일자핀을 사용하는 것이 좋다. 물론 레몬 등 무거운 소개를 고정할 때는 나무 막대기(long thin wood pick)를 이용하여 단단히 고정한다.

드라세나로 전체적인 틀을 짜고 같은 색 계열인 레몬으로 강조점을 두었다. 녹색과 연그린 사용으로 색상의 통일성이 돋보이며, 화기도 작품과 함께 단일색의 조화를 잘 이루었다. 전체적으로 균형감이 있고 부드러운 이미지를 연상시킨다(사진 28).

자줏빛의 강한 색상으로 형태를 잡았으며 포컬 포인트로 같은 색상의 작약을 사용하였다. 앞에 있는 작품에 비해서 비교적 무겁게 느껴지지만 어딘지 모르게 격조 있는 분위기가 풍기는 작품이다(사진 29).

엽란으로 전체적인 형태를 만든 후, 작은 과일을 이용해서 아기자기한 느낌을 강조했다. 유러피언 중에서, 특히 프랑스 플라워 디자인의 소재에서 흔히 볼 수 있는 것이 이런 작은 과일과 브로콜리 같은 채소 등을 함께 사용해서 만든 것으로 일반 가정집에서 손님을 초대할 때나 가족들과 함께 식사할 때에도 식탁 위에 장식하는 것을 흔히 볼 수 있다(사진 31).

꽃을 사용할 때는 얼굴이 크고 시원시원한 느낌의 꽃을 주로 사용하는데 튤립,

(26, 27) 모던 피라미드, Marie de CHAMBORD (28) 모던 피라미드, Monique GAUTIER (29) 모던 피라미드, EFDF (30) 모던 피라미드, 윤효순(Cecilia YOON) (31) 모던 피라미드, EFDF

백합, 작약 등 다양한 꽃을 사용하고 주로 활짝 핀 꽃 위주로 쓰지만, 피라미드형에서 가장 윗부분을 장식할 때는 꽃봉오리(a flower bud)를 주로 사용한다.

3) 실린더 화기를 이용한 형

앞서 언급한 대로 모던 플라워 디자인은 꽃 소재의 아름다움을 돋보이게 하기 위한 조화보다는, 전체 구조 속에 첨가된 꽃 소재가 어떻게 그 구조에 어울리는가에 초점이 맞춰지고 있다. 그 결과 자연적으로 디자인에서 그린(잎 또는 줄기) 소재가 차지하는 비중이 높아진다.

플라워 디자인의 단점으로 지적되고 있는 꽃 소재 위주의 디자인으로 인한 짧은 수명에 대해 대중들은 항상 아쉬움을 느껴왔으며, 디자이너들은 잎과 줄기 등을 사용하여 이를 보완하려고 노력하고 있다. 따라서 플로랄 디자인에 대한 고정관념을 탈피하여 꽃을 사용하지 않고 잎, 가지, 줄기 등의 소재만을 사용해 장기간 싱싱하게 보여줄 수 있는 플로랄 디자인에 관한 연구가 필요하다. 모던 디자인은 클래식과 모던화 클래식에 비해서 종류도 다양하고 화기, 소재의 선택 폭도 훨씬 넓다. 다음 사진들은 화기의 사용을 아예 제외해버리거나 투명용기를 활용하여 간결하면서도 세련된 디자인을 연출하였다. 작품 모두 최소한의 소재들을 사용하여 최대한의 표현능력을 보여준다.

실린더 모양의 화기를 이용해서 만든 모던 디자인은 크게 네 가지로 구별한다.

- 수평 대칭 또는 비대칭형
- 라운드형
- 사선형
- 수직형

이것은 모던 플라워 디자인을 배우기 위한 가장 기본적인 네 가지 스타일이며,

(32) 실린더 화기를 이용한 수평 비대칭 1, 윤효순(Cecilia YOON) (33) 실린더 화기를 이용한 수평 비대칭 2, EFDF
(34) 실린더 화기를 이용한 원형, Monique GAUTIER (35) 실린더 화기를 이용한 사선형, EFDF (36) 실린더 화기를 이용한
수직형, 송채은, 윤효순, 장정은

이 네 종의 기본 형태를 기본으로 무수히 많은 변형 디자인이 존재한다.

이 두 작품(사진 32, 33)은 수평형 비대칭 디자인으로 제일 먼저 엽란이나 드라세나 잎 등을 이용해 길이를 정한 다음, 그에 어울리게 볼륨감과 깊이감을 살려주면서 부수적인 소재도 배치하며, 마지막으로 얼굴이 큰 꽃을 사용해 포컬 포인트를 잡는 것이 일반적이다. 이때 전체적인 비율이 깨져 보이지 않도록 수평의 길이는 화기 길이를 기준으로 1~1.5배를 넘지 않고, 높이는 한 뼘에서 한 뼘 반 정도가 적당하다. 소재는 포컬 포인트를 제외하고는 모두 단일색 계열을 사용하며, 종류는 최대한 심플하게 서너 가지 정도를 사용한다(사진 32).

실린더형 화기를 이용해서 작품을 만들 때 또 유의해야 할 점은 엽란이나 코르딜리네, 신서란, 판다누스, 안수리움 잎 등은 3장, 5장, 7장 등과 같이 항상 홀수로 사용한다는 것이다. 될 수 있으면 이 규칙을 준수해서 작품을 만들어보도록 하자! 전체적인 모양은 시각적으로 수평 대칭 또는 비대칭이 구성되도록 만든다(사진 32, 33).

라운드형(원형) 디자인으로는 엽란과 몬스테라로 원형의 윤곽을 잡아주고 포컬 포인트로는 메리골드(Tagetes)를 사용하였다. 모던 원형 디자인에서 주의할 점이 몇 가지 있는데 소재들 사이의 공간 확보 및 화기 길이의 폭에 비해서 너무 작게 디자인하지 않는다는 점이다(사진 34).

사선형 디자인은 엽란으로 길이를 정한 다음 위에서 아래 방향으로 사선형 모양이 되게 꽂아준다. 몬스테라로 중앙 부분의 부피감을 더했다. 칼라 줄기를 이용해서 중앙 부분에 부드러운 곡선으로 볼륨감을 표현했고, 꽃은 포컬 포인트로 이용되었다. 이 작품은 전형적인 모던 디자인에서 가장 자주 사용하는 그린, 연그린, 화이트 색상으로 전체적인 작품을 구상하였다. 전체적인 작품의 사선 길이가 화기 길이의 1~1.5배를 넘지 않도록 하고, 사선의 느낌이 줄지 않도록 중앙 부분에 너무 통통하게 식물을 꽂지 않도록 주의해야 한다(사진 35).

사진 36번의 수직형은 신서란으로 먼저 높이를 정한 다음 꽂아주고, 아래쪽으로 엽란과 코르딜리네를 이용하여 라운드 느낌이 나도록 부피감을 주었다. 포컬 포인트로 거베라를 사용했는데 다른 기본 디자인들보다 꽃을 많이 사용하였다. 역시 작

(37) 실린더 화기를 이용한 수직형 응용, EFDF (38) 실린더 화기를 이용한 기본형 응용(수평 비대칭형+라운드형+폭포형의 혼합), Monique GAUTIER (39) 실린더 화기를 이용한 원형 창작형, Slyvie PLAYS

품의 높이는 화기의 1~1.5배를 넘기지 않도록 한다.

사진 38번은 수평 비대칭형+라운드형+폭포형을 혼합한 응용형 작품으로 기본 네 종을 바탕으로 한 창작품이라 할 수 있다. 이때 높이나 길이는 화기와 상관없이 크게 구애받지 않아도 된다.

사진 39번은 모던 라운드형의 기본에 창작성을 더 가미한 작품이다. 넓고 기다란 쿠르쿨리고 잎으로 전체적인 라운드 형태를 잡아주는데, 이때 너무 공간을 확보하지 않고 꽂으면 잎사귀 뭉치처럼 보이기 쉬우므로 잎을 다루는 고도의 테크닉이 필요하다. 몰루셀라로 입체감을 표현하였고, 사과로 포컬 포인트를 나타내었다. 이때 각각의 식물들 사이의 공간을 충분히 확보해주어야 한다는 점에 주의하자. 그렇지 않으면 잎들을 빽빽하게 겹쳐서 쌓아놓은 느낌이 나고, 전체적인 라운드 모양이 화기에 비해서 너무 왜소해 보이게 되는데, 그런 상태라면 디자인적인 요소가 가미되었다고 평가받기 힘들다.

4) 테이블 장식

클래식에 비해서 꽃의 사용량이 현저히 줄고 잎의 양이 늘어난 디자인이다. 또한

(40) 모던 테이블 장식, 윤효순(Cecilia YOON)　(41) 모던 테이블 장식, Monique GAUTIER　(42) 모던 테이블 장식, 윤효순 (Cecilia YOON)　(43, 44) 모던 테이블 장식(부분 확대), 윤효순(Cecilia YOON)

과일과 초 등을 포컬 포인트로 사용했다는 점에서는 고대 플라워 디자인의 영향을 받았다는 것을 짐작 할 수 있다. 하지만 디자인적인 측면에서 과일이나 채소를 뭉치로만 쌓아 올리는 것이 아니고, 모던 디자인에 어울리게 새롭게 응용한 작품이다. 꼭 키가 낮은 디자인만이 아닌 작품들도 있다. 서양이나 유럽에서 주로 즐기는 스탠딩 파티에 어울리는 키가 큰 작품들은 메인 테이블보다는 주로 옆에 놓은 사이드 테이블에 배치한다.

사진 40번 작품은 엽란으로 전체적인 길이와 형태를 구성했으며 몬스테라로 부피감을 더해주었다. 포컬 포인트로는 단일 색상의 조화를 이루기 위해서 안수리움 꽃을 사용하였다. 테이블 센터 피스의 기본 디자인은 수평 대칭형, 수평 비대칭형, 사선형으로 구분하는데 이 작품은 사선형이다. 수반 전체를 꽉 채우지 않도록 하고, 사선의 전체적인 길이는 수반의 대각선 길이의 1~1.5배가 넘지 않도록 하는 것이 균형감과 안정감이 있어 보인다.

사진 41번 작품은 대칭형의 응용형으로 아스플레니움 특유의 프릴과 같은 엽선을 잘 살려낸 디자인이다. 아스플레니움으로 곡선을 잘 나타내주면서 잎새란을 꺾어서 선도 잘 살아 있다. 포컬 포인트는 사과와 초가 대신하였다. 여기서 주의할 점은 모든 잎 소재를 작품에 사용할 때 한 종류의 잎으로 꺾는 선과 곡선을 동시에 사용하면 안 된다는 점이다. 즉, 한 번 꺾어서 사용한 잎은 계속 꺾어주어야 하고(예: 잎새란) 한 번 곡선을 이용한 잎은 계속 곡선(예: 아스플레니움)을 유지해주어야 한다.

모던 플라워 디자인에 있어서 가장 중요한 포인트는 바로 다양한 잎사귀의 사용이다. 클래식 플라워 디자인에서 큰 의미를 부여받지 못하던 잎사귀는 모던 플라워 디자인에서는 가장 중요한 핵심 요소로 등장하게 된다.

잎을 감아 인위적인 운동감을 부여하면서도 동시에 삐침을 이용하여 부피감을 주기도 하고(사진 42) 깊이와 너비, 높이까지도 자연스럽게 잎이 꽃을 대신하게 된다. 포컬 포인트는 본 작품처럼 꽃으로 혹은 잎으로도 표현할 수 있다. 주로 사이드 테이블 장식에 많이 이용되는 디자인이다.

사진 45번 작품은 투명 와인 디켄터를 화기로 사용하였고 대형 포크를 꽃과 같

(45) 모던 테이블 장식, Monique GAUTIER   (46) 모던 테이블 장식(부분 확대), Monique GAUTIER   (47) 모던 테이블 장식, 윤효순(Cecilia YOON)   (48) 모던 테이블 장식(부분 확대), 윤효순(Cecilia YOON)

이 장식하였다. 식사를 하는 테이블 장식에 어울리게 음료와 음식에 관련된 소재
들을 사용한 점이 주목된 디자인이다. 포크를 배치한 방향은 큰 잎과 같은 방향으
로 배치해주어야 리듬감이 살아난다.

　테이블 장식에 주로 쓰는 과일과 채소류는 레몬, 토마토, 브로콜리, 딸기, 래디쉬
등이다. 그중에서도 레몬은 보는 것만으로도 입맛을 돋워주는 역할을 하므로 테이
블 장식에 가장 자주 쓰이는 과일이다. 사진 47번 작품은 쿠르쿨리고로 전체 모양
을 잡아주고, 그다음 안수리움 잎을 배치함으로써 볼륨감을 나타내주었으며, 강조
점으로 슬라이스 레몬과 안수리움 꽃을 사용하였다. 이 디자인은 모던 디자인의 대

테이블 장식, Audrey

Exposition du goût

표적인 색상인 녹색과 연그린을 적절히 사용한 단일색의 조화를 잘 이룬 작품이다.

사진 49~51번은 모던 테이블 장식 외에 일반 테이블 장식 사진들이다. 오렌지색 초를 엘라스틴으로 감싸면서 식물을 배치하였고 포크와 나이프, 디저트 숟가락 등을 위한 장식품들이다.

사진 52~56번은 미식가를 위한 박람회에 출품된 작품들이다(Exposition du goût).

5) 핸드타이드

핸드타이드는 크게 세 종류로 나눠서 분류한다. 일반적인 핸드타이드, 모던 핸드타이드(잎 소재를 메인으로 하는 것), 컨템포러리 핸드타이드(잎, 줄기, 꽃 소재를 다양하게 사용하는 것)로 구별된다. 모던 핸드타이드와 컨템포러리 핸드타이드는 뒤에서 살펴보도록 하고 여기서는 일반적인 핸드타이드를 다루도록 한다.

꽃양배추 3줄기를 먼저 직선으로 잡는다. 그 주위를 알이 다소 작은 귤로 둘러주는데 이때 귤을 고정시키는 방법은 여러 가지가 있지만 주로 대나무로 된 배턴을 이용하여 가는 철사 24번으로 고정시킨다. 원만한 원의 형태를 만들기 위해서 귤 주위에 다시 아스파라거스 부르가투스를 둘러준다. 이때 아스파라거스는 높이를 일정하게 다듬어준다. 이때 바인딩 포인트의 줄기 부분은 나선형보다는 직선인 평행형을 선호한다(사진 57).

핸드타이드, Sylvie PLAYS

핸드타이드, Audrey

(59) 핸드타이드, Monique GAUTIER (60) 핸드타이드(부분 확대), Monique GAUTIER (61) 핸드타이드, Michèle KISSEL

라넌큘러스와 다양한 잔잔한 꽃을 이용하여 만든 핸드 부케이다. 다양한 색상을 사용하여 다색 조화를 이루었고, 바인딩 포인트의 줄기 부분은 나선형으로 제작한다. 이 작품은 모던 디자인보다는 클래식 디자인에 가깝다(사진 58).

엽란과 흰색 꽃만을 사용하여 만든 작품이다(사진 59). 흰색 꽃은 주로 군락으로 배치하며, 엽란으로 모양을 만들어서 꽃 사이에 부분적으로 넣어주기도 한다. 바인딩 포인트 부분은 엽란을 이용하여 리본 모양을 만들었으며 줄기는 평행형으로 배치한다. 작품 속에 엽란을 배치할 때는 방향을 한쪽으로만 두지 말고 약간씩 어긋나도록 배치해야 입체감이 있어 보인다. 부케의 윗부분에 컬러 와이어를 첨부하면 한층 더 멋스러운 작품이 된다. 이 디자인은 모던 핸드타이드에 가깝다.

지금까지 살펴본 클래식, 모던화 클래식, 모던 디자인의 유형을 살펴보았는데 이들의 구성 요소를 각각 비교해보면 다음과 같이 간단하게 정의 내릴 수 있다.

꽃의 사용량을 비교해보면 클래식 디자인에 사용된 꽃의 양이 모던 디자인에 사용한 양보다 훨씬 많고, 반대로 모던 디자인에 사용된 잎의 양은 클래식 디자인보

<표 5> 클래식, 모던화 클래식, 모던 디자인의 각 구성 요소 비교

구성 요소	클래식	모던화 클래식	모던
높이	일정한 비율에 따라 높이가 지정됨(화기 기준)	클래식에 비해 비교적 자유로움	시각적인 균형감각에 의해 자유롭게 구성함
넓이	일정한 비율에 따라 넓이가 지정됨(높이 기준)	클래식에 비해 비교적 자유로움	시각적인 균형감각에 의해 자유롭게 구성함
교차선	삼각구도를 유지함	삼각구도를 유지함	존재하지 않을 수도 있음
포컬 포인트	1~2개 이상 존재함	1개 이상 존재함	존재하지 않을 수도 있음

다 훨씬 많다. 그리고 모던화 클래식 디자인의 잎과 꽃 사용량은 모던 디자인 쪽에 가깝다. 잎의 사용량이 전체 디자인의 90% 이상을 차지할 때는 잎과 잎 사이의 공간을 충분히 비워두어야 하는데, 그렇지 않을 경우 언뜻 잎 뭉치가 쌓여 있는 듯 한 느낌을 받을 수 있기 때문이다. 각 구성 요소를 비교해보면 표 5와 같다.

일반적으로 플라워 디자인에 사용되는 식물 소재에는 잎, 꽃 또는 잎+줄기, 잎+줄기+꽃과 같은 형태로 항상 녹색이 포함된다. 클래식 디자인은 이 소재들 중 잎과 줄기와 꽃이 모두 포함된 것을 그대로 사용하는 경향이 있다. 반면, 모던 디자인 측면에서는 이미 그린(잎) 소재가 주를 이루고 있으므로 포컬 포인트로 사용된 꽃에 달린 잎들은 제거하는 것이 훨씬 더 깔끔하고 시각적으로 돋보여 현대적인 이미지를 준다. 식물의 배치 형태는 향일성과 배일성을 모두 취한다. 특히 사방화인 경우 플라워 디자인을 할 때 꽃을 꽂는 방향이 어느 한 방향으로만 배치하는 것이 아니라 각각 서로 다른 방향성을 갖는다. 마지막으로 프랑스 플라워 디자인의 재료를 살펴보면 우리나라에서는 자주 사용하지 않는 과일(포도, 귤, 사과, 오렌지, 금귤, 바나나 등)과 채소(브로콜리, 방울토마토, 배추, 상추, 피망, 가지, 호박 등), 빵 등을 꽃과 함께 이용한 작품들이 많은 점 또한 특징이라고 할 수 있었다. 또한 작품성에서는 일상 속의 플라워 디자인이면서도 편안하고 친숙한 장식을 가진 디자인으로, 분위기와 행사에 어울리는 작품성을 가진 동시에 편안한 자연스러움을 강조하였다. 모던 디자인은 클래식이나 모던화 클래식보다 사용하는 색상의 종류가 비교적 심플하다. 주(main) 색상은 그린, 연두색, 흰색, 연노랑 등으로 단일색의 조화(monochromatic harmony), 유사색의 조화(analogic color harmony)를 나타내는 작품이 주를 이룬다.

잎을 주 소재로 한
프랑스 플라워 디자인 실습

부케의 언어-
축하합니다, 감사합니다, 힘내세요,
미안합니다 그리고 사랑합니다.

01

기초 다지기

본격적으로 프랑스 플라워 디자인을 배워보기에 앞서, 플라워 디자인에 주로 사용
되는 재료들을 알아보고, 모던화 플라워 디자인을 하기 위해 기초가 되는 원형 화
기의 사용법, 그리고 잎을 잘 다루는 요령, 원뿔형 오아시스를 만드는 법을 간단히
알아보도록 하자.

1) 도구와 재료

다음 그림은 프랑스에서 꽃 장식을 할 때 주로 쓰는 도구와 재료들이다. 물론 이외
의 것들도 많이 있지만 대부분 이런 것을 사용한다. 특히 대나무로 된 소재나 플로
랄 밀랍은 우리나라에서는 자주 사용하지 않지만, 프랑스 플라워 디자인에서는 자
주 접하게 된다.

가위: 로리스트나 전기 기사를 위한 가위이며 특히 철사를 자를 때 날이 상하지 않게 자를 수 있다.

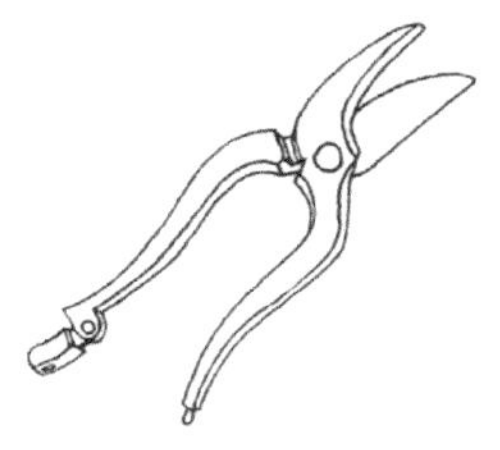

전자가위: 단단한 줄기나 굵은 가지를 자를 때 주로 사용하는데 이것 외에 칼도 많이 사용한다.

재단용 가위: 잎을 자르거나 리본 등을 자를 때 사용하면 좋다.

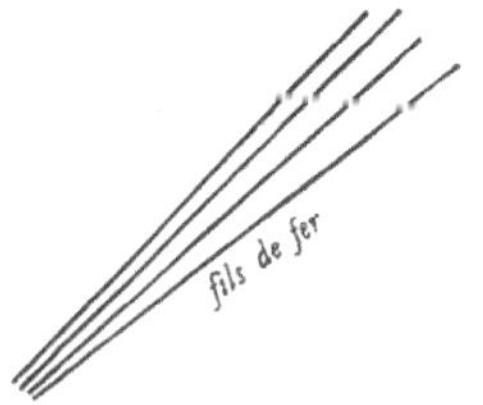

코팅 철사: 꽃과 잎의 모양을 내기 위해서 사용한다. 특히 U자 핀으로 만들어서 잎을 오아시스에 고정하거나 잎들끼리 연결하는 데 사용하며, 드라이플라워에도 사용한다.

우드 스틱: 대나무로 된 스틱은 과일이나 야채를 고정하기 위해 사용하거나 잎을 세우는데도 사용한다.

철사 가위: 그물 철사를 자를 때 사용하기 좋다.

면실: 핸드 부케나 갈란드를 만들 때 많이 사용한다.

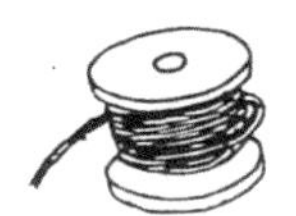

플로랄 밀랍: vase에 fix oasis를 고정하는 데 주로 쓰이며, 플로랄 껌이라고도 한다. 약간의 열을 가하면 쉽게 잘 떨어진다.

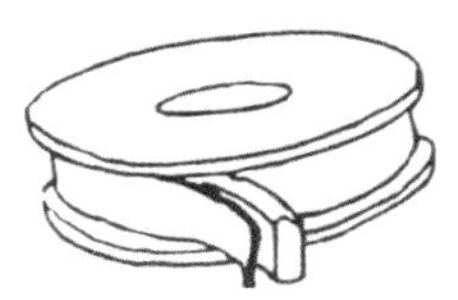

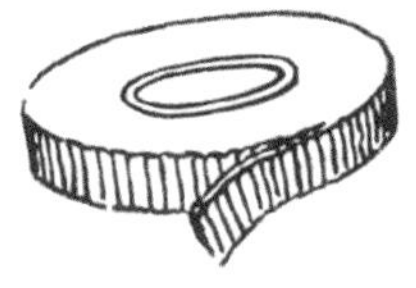

플로랄 테이프: 여러 가지 색깔이 있고 드라이플라워로 작품을 만들 때 많이 사용한다.

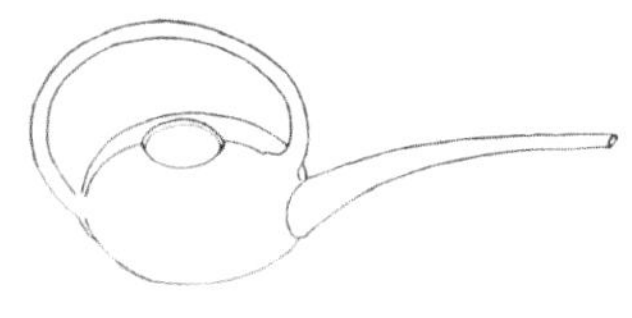

워터링 케틀: 투명 오브제 사용 시 화병 속에 물을 채울 때 사용한다.

미스트 스프레이: 꽃 장식을 한 후에 잎에 물을 주거나 오아시스에 물을 더 첨가할 때 사용한다.

그 외 스펀지 수세미, 행주, 휴지통, 바구니 등이 필요하며, 다양한 용기 역시 필요하다. 용기는 주로 투명용기와 불투명용기로 구분하며, 그물 철사를 사용한 용기(예: 실린더 모양의 오브제), 가정에 있는 평범한 오브제, 수수한 컵 용기, 발이 달린 용기(elegant, 작품을 만드는 데 도움이 됨) 등이 사용된다. 그 외 나무로 된 꽃병(le socle en bois), 금속으로 된 편평한 오브제, 안전유리인 플렉시그라스(plexiglass) 오브제 등이 있고, 대형 작품들을 만들기 위해선 조립물을 제작하는 경우도 있다.

2) 피라미드 모양의 오브제(La pyramide) 만들기

유럽 사람들이 가장 선호하는 디자인으로 클래식한 분위기가 많이 나며, 만드는 방법은 두 가지로 ① 그물 철사, 즉 와이어(wire)를 이용하는 방법, ② 오아시스를 이용하는 방법이 있다. 첫 번째 방법은 그물 철사를 소뿔 모양처럼 만든 후 수태(moss) 같은 이끼 종류로 안을 채우고, 그 속에 오아시스를 넣은 다음 꽃이나 과일, 잎 등으로 장식하는 것이다. 두 번째 방법은 오아시스를 물에 담근 후 피라미드 모양이나 원뿔형 모양으로 깎아서 사용하는 것이다. 요즈음은 크기가 작은 것이 단점이지만 원뿔형 모양으로 이미 만들어진 오아시스를 판매하는 곳도 있어서 굳이 손에 오아시스 가루를 묻혀 가면서 다듬지 않아도 된다.

• 만드는 법

① 가로, 세로 약 1m 정도로 그물 철사를 자른다.

② 비스듬히 반으로 접어서 삼각형 모양이 되게 한다.

③ 그 속에 이끼를 채워 넣고 같은 색상의 가는 철사로 꿰맨다(이때 이끼를 너무 많이 채워 넣지 않게 주의한다. 경우에 따라서는 이끼 안쪽으로 오아시스를 넣어주기도 한다).

④ 양쪽으로 둥글게 말면서 밑의 뾰족한 부분을 원뿔 모양(corn shape)으로 만든다.

⑤ 밑 부분은 적당량 잘라내고 위로 끌어올려 철사로 깔끔하게 처리한다.

※ 주의사항: 이 원뿔 모양을 오브제로 이용하여 장식할 때 말린 과일이나 야채를 사용하면 가벼워서 유리하다. 꽃이나 잎을 사용할 경우 원뿔을 물에 푹 적셔줘야 하고, 난 종류는 튜브(tube)를 이용해서 장식할 수 있다(이끼 속에 오아시스를 넣지 않았을 경우).

우리가 위와 같은 기본 요소를 활용하여 꽃 장식을 할 때, 라운드 느낌이 나는 소재와 뾰족한 느낌이 나는 소재를 혼합해서 쓰면 가장 쉬우면서도 효과적이다. 항상 염두에 둘 것은 부케를 전체적으로 너무 무거운 느낌이 들도록 장식하지 말고, 가볍게 장식하면서도 풍성한 느낌이 나도록 하는 것이다. 그리고 부케를 완성한 후에도 계속 신경을 써야 하는데 1~2일에 한 번씩 물주기(watering)를 해야 하며 분무기(spray)로 분무해주면서 시든 꽃은 새 꽃으로 교체해주어야 한다. 마지막으로 꽃 장식을 하는 데 가장 중요한 것은 실전에 앞서 자신이 만들어야 할 디자인을 스케치하는 습관을 들이는 것이다.

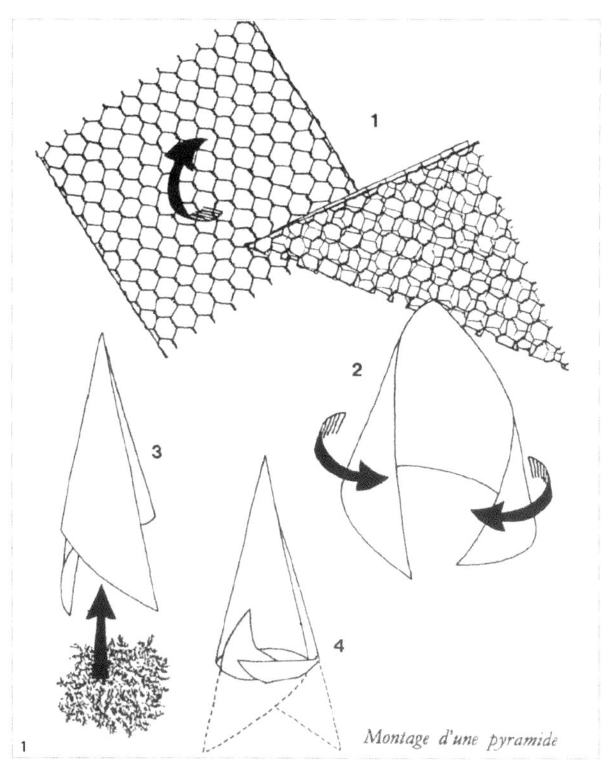

그물 철사를 이용한 피라미드 모양의 오브제 만들기

3) 원형 화기 사용하기

원형 화기를 사용하는 법은 먼저 화기의 3/4을 철망으로 채워준다. 나머지 1/4은
플로랄 폼을 넣어서 고정하기 위해 공간을 비워둔다. 철망을 사용하는 이유는 화기
와 플로랄 폼 사이의 통기성을 원활하게 하기 위해서이다(사진 2).

원형 화기에 플로랄 폼을 고정한 후에는 여러 가지 종류의 식물을 배치하여 다양
한 디자인으로 작품을 만들 수 있는데 아스플레니움(Asplenium)과 같이 표면적이 넓고
긴 잎은 라운드 느낌이 나도록 구부려서 사용할 수도 있다(사진 3, 4).

원형 화기 사용법

4) 넓은 잎 사용하기

잎을 작품에 사용할 때 다소 넓고 둔한 느낌이 든다고 여겨지면 이처럼 잎맥을 따라 사용하기 적당한 넓이로 제거해준 후 사용할 수 있다(사진 5, 6).

국내에서 판매되고 있는 코르딜리네(Cordyline)는 대부분이 줄기에 잎이 붙어 있는 상태로 나와 있다. 이때는 잎을 하나씩 떼서 사용하면 된다(사진 7).

장소와 이용 목적에 따라서 잎에 광택제(polished spray)를 뿌려서 사용할 수 있다. 광택제 외에도 금색, 빨강, 흰색 등의 래커를 칠해서 작품 용도에 맞게 사용하기도 하는데 이때는 녹색 잎을 그대로 사용할 때와는 사뭇 다른 분위기를 연출할 수 있다(사진 8).

넓은 잎 사용하기

5) 잎으로 모양내기

모던 디자인에 가장 많이 등장하는 잎 소재인 엽란(Aspidistra)을 작품에 사용하는 방법은 아주 다양하다. 맨 처음에 깨끗한 수건으로(약간 젖은 수건) 먼지들을 닦아준 다음(사진 9), 마사징 기법(massaging method)을 잘 활용하여 여러 가지 모양을 만들어서 플로랄 폼에 직접 꽂을 수 있다(사진 10). 이때 잎과 잎끼리 연결해줄 때는 일자 핀(철사)을 사용해주는 것이 좋고 잎을 플로랄 폼에 고정해줄 때는 U 모양의 와이어(U핀)를 적당한 크기로 만들어서 사용해준다. 소재의 질감(texture)이 거친 것은 2~3cm 정도 길이의 굵은 철사(#18, #20, #22)를 사용하면 적당하고, 대부분의 중간 정도의 잎은 좀

(9~12) 잎으로 모양내기 (13) 갈락스 잎 사용하기

더 가는 철사로 약 1.5~2cm가 적당하다(사진 11, 12).

한편, 갈락스(Galax) 잎은 포컬 포인트로도 자주 이용되는데 잎을 반으로 접은 후 3~5개를 번갈아가면서 접는 방향을 반대로 놓으면 그대로 사용할 때보다 훨씬 부피감과 볼륨감이 살아난다(사진 13).

6) 채소와 과일 사용하기

프랑스 플라워 디자인에 자주 볼 수 있는 소재 중 하나가 과일이나 채소인데 방울 토마토는 철사(#24, #26 등)에 꿰서 사용하거나 나무막대기를 이용해서 사용하기도 한다(사진 14).

사과나 레몬, 귤 등을 나무막대기에 꽂아서 직접 식물처럼 플로랄 폼에 고정시킨다. 이때 사과가 다소 클 때는 나무막대기를 2개 꽂아서 사용하면 고정효과가 크다

여러 가지 채소&과일 사용하기

포도와 같은 과일은 가는 철사를 시큐러링법(securing method)을 이용하여 포도 사이 사이로 감으면서 고정시킨 후 끝부분에 철사를 남겨놓고 거기에 다시 나무막대기를 고정시킨다. 고정이 잘 되었으면 그다음 플로랄 폼에 꽂으면 된다(사진 16).

클래식 갈란드를 만들 때 주로 이용하는 방법으로 철사보다는 면실을 사용하는 것이 식물과 식물을 연결시키면서 고정하기에 좋다(사진 17).

7) 오아시스를 이용한 피라미드 만들기

피라미드 모양의 디자인을 만들 때 플로랄 폼을 고정하는 방법이다. 밑 부분은 플로랄 폼의 1/2 조각을 두고 그 위로 플로랄 폼 하나를 얹은 다음, 원뿔 형태나 피라미드 형태를 만들어준 후 나무막대기로 여러 방면에서 사선으로 꽂으면서 고정시킨다. 이때 코팅하지 않은 나무막대기보다는 코팅된 것이 물을 덜 흡수하므로 오랫동안 플로랄 폼을 고정하는 지속력이 길어진다(사진 18).

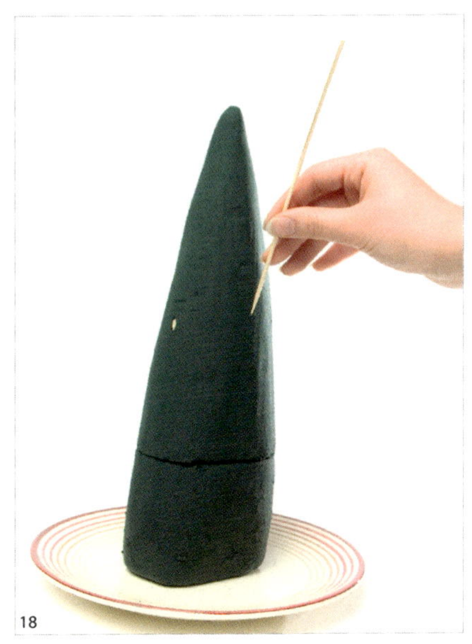

오아시스를 이용한 피라미드 만들기

02

잎을 이용한 장식

기초적인 내용을 다 습득한 후에는 이를 응용하여 독창적인 작품을 만들 수 있어야 한다. 바나나 잎과 Levistonia(야자수)를 이용해서 전체적인 작품의 윤곽을 만든 작품으로, 사진 19번은 사선형, 사진 20번은 라운드 형태로 구성한 디자인이며 전형적인 모던 디자인(현대 디자인)이다. 같은 모양의 화기 2개를 포개어서 자칫 작품이 무거워 보이는 것을 피하였다.

야자수를 주 소재로 배치했고 컬러 꽃으로 라인을 연결하여 포컬 포인트를 표현해주었다. 컬러 꽃의 줄기는 작품에 볼륨감과 라인을 표현할 수 있는 좋은 소재로 모던 디자인에 자주 이용된다. 주로 리셉션이나 호텔 입구, 결혼식장 입구, 레스토랑 등 여러 종류의 행사에 이용된다(사진 21, 22).

다음은 L자형 디자인을 공부해보자. 크게 클래식 디자인과 모던 디자인으로 구별해서 배워볼 수 있는데, 긴 쪽 옆선으로부터 긴 쪽 높이 부분의 꼭짓점에 이르는 가상선을 삼각형 디자인과 비교하였을 때 그 가상선상이 비어 있다는 큰 차이가 있다(사진 24, 25). 반면에 삼각형 디자인은 그 빈 공간을 소재가 채우고 있다는 것이 가장 두드러지게 나타나는 차이점이라 하겠다. 전체적인 형태를 L자로 배치하다 보면 가로 쪽 긴 라인 쪽으로 무게중심이 치우칠 수 있는데 그것을 방지하기 위해서, 배치하는 소재의 높이를 짧은 쪽 라인에 두는 것이 훨씬 안정적인 소재 배치 방법

(19) Two vases toghether, Monique GAUTIER 1   (20) Two vases toghether, Monique GAUTIER 2   (21, 22) Green and yellow, 윤효순(Ceilia YOON)

이다. 화기 사용은 대표적으로 수반과 다음 사진에서 보듯이 다소 높이가 있는 것을 사용할 수 있다.

특히 모던 L shape에서는 24, 25번 사진에서 볼 수 있는 것처럼 그 구조는 클래식과 동일하되, 식물의 사용량이 줄어들었기 때문에 소재가 구성하는 선이 더 명확히 드러나게 된다. 따라서 클래식 디자인에 비교해 보다 현대적으로 선형적인 우아함이 돋보이는 작품이 되는데, 이처럼 L shape의 디자인은 클래식 디자인에서 모던 디자인으로 나아가는 일종의 통로 역할을 톡톡히 하고 있다고 볼 수 있다. 여기서 독특한 점은 두 가지의 단일 소재의 사용으로, 엽란으로 전체적인 라인을 구성하였고 레몬이 포컬 포인트의 역할을 충분히 해내고 있다.

사진 26번 작품은 L shape의 변형 디자인이다. 사진 27번 작품은 특정한 형태 없이 안수리움, 티파(Thypa), 나뭇가지만을 사용한 아주 심플한 디자인으로 이 두 작품을 비교해가면서 공부해도 좋을 듯하다.

사진 27번은 L자형 Shape 디자인으로, 속새(Equisetum hyemale)로 오른쪽의 긴 라인을 강조해주었고, 시클라멘(Cyclamen)을 왼쪽 라인과 중앙에 배치해줌으로써 모던 디자인의 주 색상이 되는 녹색의 단조로움에서 탈피한 작품이다. 이 작품은 엽란(Aspidista)으로 전체적인 알파벳 L자 모양을 구성했고 와이어를 이용하여 그룹핑(grouping)한 속새를 수평으로 긴 쪽 라인을 더 연결해주었다. 여기서 시클라멘(Cyclamen)은 포컬 포인트(focal point) 역할을 하고 있다. 엽란(Aspidistra)이라는 하나의 종류로 구성된 단순한 소재 사용이지만, 각각의 높이와 길이를 다르게 배치함으로써 입체감이 돋보인 작품이라 하겠다. 그리고 화기 색상과 주 소재가 되는 엽란과 속새가 동일 색상인 점도 염두에 두면 좋을 듯하다. 여기서 주의할 점이 있는데 높이를 꽂는 오아시스의 위치이다. 전체적인 무게 중심을 고려해서 짧은 라인 쪽, 즉 위 사진에서는 오아시스 왼쪽의 뒤쪽으로 높이 라인을 정하면, 보다 더 안정적인 L자형 디자인으로 구성할 수 있다. 주로 작품 2개를 동시에 이용하는데 호텔 로비나 결혼식 등, 각종 행사장 입구 양옆에 배치해두면 우아함이 돋보이는 작품이다.

이번엔 이미 언급한 바 있는 대칭, 비대칭 삼각형 디자인을 다시 한번 살펴보기

(23) Classic L shape structure, Sylvie PLAYS   (24) Classic L shape, Sylvie PLAYS   (25) Modern L shape, Sylvie PLAYS
(26) L형 변형 디자인, Marie de CHAMBORD   (27) Hoetty P. 2005, Une vie de fleurs

로 하자.

삼각형 디자인은 르네상스 시대부터 존재해왔던 디자인으로서 대칭형 디자인에서는 반드시 한 줄 이상의 대칭축이 있고 소재는 좌우 대칭으로 배치한다. 비대칭은 기하학적인 요소가 대칭보다 더 강한 디자인으로 시각적으로 좌우 비대칭이 확실하게 드러나 있다. 여기서 주의해야 할 점은 오아시스 1/2쪽을 화기에 고정시키는 방법이다. 정사각형 화기의 4개의 꼭짓점 중 한 곳이 오아시스의 꼭짓점과 일치하게 마름모꼴이 되도록 놓는 것이 중요하다. 첫 번째 높이를 꽂을 때는 오아시스를 가로로 4등분, 세로로 2등분 한 것을 기준으로 해서 뒤쪽의 1/4 지점에서 약간 뒤로 젖혀지게 꽂는 것이 삼각형 클래식 플라워 디자인의 특징이다.

다음 사진을 보면 클래식 삼각형 디자인 구조가 명확하게 드러난다(사진28).

그리고 뒤쪽의 폭은 45° 정도 세워서 꽂는다. 특히 꽃의 길이를 똑같은 길이로 꽂

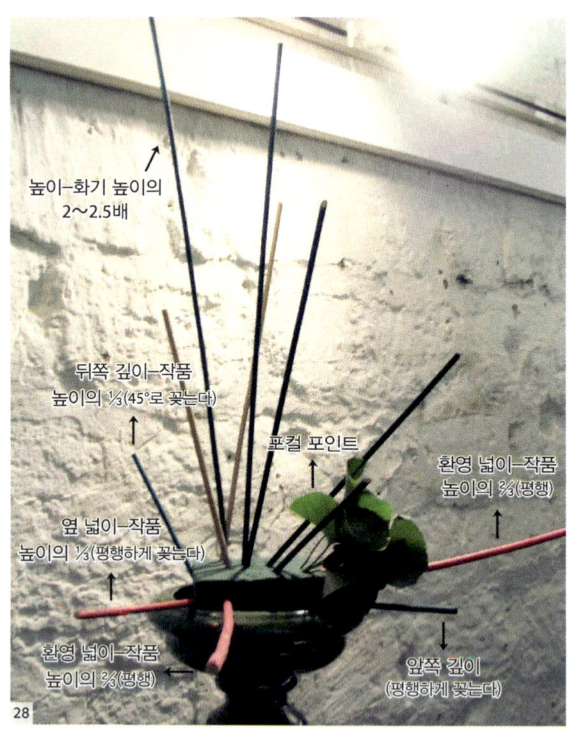

클래식 대칭 삼각형 구조

클래식 대칭 삼각형 구조, EFDF

으면 입체감(relief)을 살릴 수 없으므로 각각의 꽃은 다른 높이를 가지고 있어야 한다. 또한 꽃은 각각 삼각형 모양을 이뤄야 한다. 즉, 높이 다음에 꽂는 교차선은 반드시 왼쪽→오른쪽 또는 오른쪽→왼쪽 순서로 반복해서 꽂는다. 이 교차선을 부가물(annex)이라고 부르는데, 곧 이 부가물이 입체감(relief)을 이루는 구성 요소들이다.

사진 30번과 31번 두 작품을 비교해보았을 때 비대칭 삼각형 디자인이 대칭 삼각형보다 두 옆선의 길이가 확연히 다름을 알 수 있으나 시각적으로는 크게 이상함을 느끼지 못한다. 이는 시각적 균형감을 맞춰주었기 때문이다. 더 나아가서 대칭적 구성보다는 비대칭적 구성이 훨씬 더 디자인적인 가치가 높고 세련미가 가미되었음을 알 수 있다.

사진에서 살펴보았듯이 클래식 대칭 / 비대칭 삼각형의 구성에서 비대칭 삼각형은 대칭 삼각형보다 좌우 환영 넓이가 두 배 차이가 나지만 완성된 작품의 모습에서처럼 시각적인 균형 면에서는 차이가 없다는 것을 알 수 있고, 포컬 포인트의 위치는 대칭 삼각형에서는 대칭축의 중심에 꽂지만 비대칭 삼각형에서는 대칭축의 중심에서 약간 어긋나게 짧은 넓이(width) 쪽에 꽂는다는 점 또한 염두에 두어야겠다.

클래식 비대칭 삼각형 구조, EFDF

클래식 대칭 삼각형 구조, EFDF

그리고 비대칭 삼각형 구성을 다시 한 번 살펴보면, 환영 넓이의 좌우 길이는 어느 쪽을 길게 또는 짧게 해도 디자인적 측면에서 크게 상관은 없다. 그러나 시선이 왼쪽에서 오른쪽으로 흐르는 게 자연스럽듯, 비대칭 삼각형을 구성할 때 왼쪽은 간결하게, 즉 삼각형의 형태를 빨리 알 수 있도록 짧은 선을 배치하고, 오른쪽은 연결성을 위하여 긴 선을 구성하는 것이 더 자연스럽다. 이를 더 보충하여 설명해보면, 시각의 목적은 생존에 필요한 환경에 관한 정보를 얻는 것으로 물리적 실제와 다르게 지각 체계화의 경향에 따라 보게 된다. 이런 경향을 게슈탈트(Gestalt)라고 하는데, 게슈탈트의 심리학에서는 선천적으로 타고난 정보 처리 패턴이 있고 그것을 지각 체계화의 법칙이라고 부른다. 쉽게 말해 지각을 우리에게 필요한 방식으로 체계화하는 지각 정보 처리 패턴이라고 생각하면 된다. 그러므로 전체적인 것은 왼쪽에 배열하고 세부적인 정보는 오른쪽에 배열하는 것이 자연스럽다는 것이다. 그것은 연극에서 주인공은 왼쪽에서 등장하고 상대역은 오른쪽에서 등장하는 것과도 연관성이 있다고 하겠다.

사진 32번 작품은 보색 조화를 가장 잘 표현한 작품으로, 아스피디스트라(Aspidistra elatior) 잎과 안수리움(Anthurium) 잎으로 앞, 뒤쪽의 깊이감을 잘 구성하였으며, 붉은색 맨드라미(Celosia)를 이용해 포컬 포인트를 잡았다. 다소 얼굴이 큰 꽃으로 포컬 포인트를 구성하는 것이 모던 디자인의 두드러진 점이라 하겠다. 아스피디스트라 밑쪽 부분으로 맨드라미 줄기를 이용하여 오른쪽으로 약간 치우친 무게 중심의 시

(32) 보색의 조화, KIM(EFDF)　(33) 꺾은선 활용 1, Sylvie PLAYS　(34) 꺾은선 활용 2, Sylvie PLAYS

각적인 균형(visual balance)을 잘 맞추었다.

　사진 33번과 34번 두 작품은 소재의 사용면에서 단순하면서도 세련미를 겸비한 전형적인 모던 디자인이다. 사진 34번 작품에서 보듯, 보통 모던 디자인에서는 중심축을 중심으로 대칭적인 디자인보다는 기하학적인 세련미가 돋보이는 비대칭적인 디자인을 더 많이 접할 수 있다. 사진 33번 작품은 엽란의 다이내믹한 선으로 방향성을 표현해주었고, 작품 속에서 오른쪽에 배치한 크로톤의 색상과 포컬 포인트로 사용된 해바라기의 색상이 자연스러운 색상의 조화를 이끌어낸다. 이것은 모던 기본 디자인의 한 형태인 원형 디자인을 응용한 작품이다. 사진 34번에서는 각이 진 화기에 맞추어 판다누스(Pandanus), 신서란(Phormium), 코르딜리네(Cordyline), 엽란(Apidista)을 이용해서 전체적인 형태를 나타냈으며 근접색 조화를 잘 나타낸 작품이다. 여기서 화기와 소재의 모양을 눈여겨볼 만하다. 사진 33번을 다시 한번 살펴보면 판다누

스의 꺾은선에 주목할 필요가 있고, 중앙 부분의 노란 색상이 코르딜리네와 조화를 이뤘다. 이것 역시 앞에서 본 잎 소재를 이용한 작품들과 마찬가지로 주로 리셉션이나 호텔 입구, 결혼식장 입구, 레스토랑 등 여러 종류의 행사에 이용된다.

사진 35번 작품은 그룹핑 기법(grouping method)을 잘 나타내고 있다.

필로덴드론(Philodendron xanadu), 스킨다프서스(Philodendron)와 안수리움(Anthurium) 잎을 이용해서 삼각형 형태로 디자인했으며 유스토마(Eustoma grandiflorum, 리시안서스)를 두 부분으로 나눠서 그룹핑 처리했다. 필로덴드론(Philodendron xanadu) 줄기로 라인(line)을 형성해서 볼륨(volume)감을 주었는데, 이는 표면적이 넓은 잎만을 사용했을 때 자칫 무거워 보이거나 소재들 사이의 공간이 충분히 확보되지 못한 경우가 있는데 그의 단점을 보완해줄 수 있는 아주 좋은 활용법이다.

사진 37번은 프랑스 플라워 디자인의 모던 기본 디자인 네 가지 스타일 중에서 원형 디자인으로 코드딜리네의 붉은 계열 색상이 화기와 아주 잘 어울리는 작품이다. 실린더 모양의 화기를 사용할 때는 작품의 전체 사이즈와 화기와의 비율이 잘 맞아야 하는데, 이 작품에서 보면 알 수 있듯이 작품 전체의 폭(piece of whole width)은 화기 높이의 2/3 또는 화기 높이와 같은 길이 정도여야 시각적으로 안정된 디자인이라 할 수 있다. 위의 디자인은 아주 잘 된 비율이고 소재 사이의 공간이 충분히

(35) 최향란(CHOI Hyang ran), FFDMC(France Flower Design Master Course) in Singapore, 2016   (36) 최향란(CHOI Hyang ran), FFDMC in Singapore, 2016(부분 확대)

(37) 모던 기본 원형 디자인, 윤효순(Cecilia YOON), 2015   (38) 한마음(Han Ma-eum), FFDMC in Singapore, 2015
(39) YON Guat Lee, FFDMC in Singapore, 2016

잘 확보된 디자인이라 하겠다.

사진 38번 모던 디자인은 잎을 이용한 사선 변형(application oblique style)형으로 높이
는 사선형으로 배치하였지만 아래로 흐르는 부분은 사선형 대신 라운드형으로 장
식한 디자인이다. 칸나의 긴 줄기는 라인과 공간을 충분히 확보해주었고 다소 부족
해 보일 수 있는 높이를 바나나 잎이 대신해주고 있다.

사진 39번은 38번 작품과 똑같은 화기를 사용하였고 재료 면에서도 별 차이가
없지만 방향성이나 리듬감은 완전히 다른 느낌의 디자인이다. 똑같은 소재와 화기
를 사용한다고 하더라도 다소 다른 느낌으로 장식될 수 있음을 비교해가면서 공부
해보는 것이 다양한 플라워 디자인을 이해하는 데 도움이 된다.

마지막으로 약간은 변형된 형태로 디자인한 잎 소재를 살펴보자.

• 재　료: 엽란(Aspidistra elatior), 신종셀룸(Philodendron 'xanadu'),

　　　　코르딜리네(cordyline 'tenax'), 아스파라거스(Asparagus),

　　　　속새(Equisetum), 리시안서스(Eustoma grandiflora), 장미(Rosa spp.)

제작과정

윤효순(Cecilia YOON), 출처: 신나라—청강문화산업대학교

완성작

윤효순(Cecilia YOON), 출처: 신나라—청강문화산업대학교

03

투명화기를 이용한 장식

투명화기는 플라워 디자이너들에게 아주 사랑받는 용기 중 하나라 하겠다. 불투명 화기에서는 표현할 수 없는 반사효과(reflection)를 통해서 용기 안에 물을 가득 채움과 동시에 잎(leaf) 또는 풀(grass) 소재를 함께 배치하면 색다른 작품의 묘미를 즐길 수 있다. 또한 투명화기를 이용할 때 주의할 점은 용기 안에 물을 가득 채우거나 아예 비우는 것을 선택해야 한다. 자칫 물을 용기의 반 정도 또는 1/3 정도를 채우는 것은 투명용기의 잘못된 사용법으로 전체적인 작품의 시선 유도가 물이 다 채워지지 않는 용기 쪽으로만 기울어질 수 있기 때문이다. 부득이하게 용기 안에 물을 가득 채우지 못할 경우에는 채운 선의 경계면을 리본이나 마끈 등을 이용하여 리본 모양으로 묶어주면 디자인의 가치가 훨씬 돋보일 수 있다. 그리고 무엇보다 투명용기를 사용했다는 것을 잘 표현해주어야 하며, 용기와 작품의 분리는 작품만 공중에 떠 있는 느낌을 줄 수 있어서 시각적인 균형(visual balance) 측면에서 불안한 작품이 될 수 있는데 이들 두 요소를 잘 연결해주는 것이 투명화기 사용법에서는 가장 중요한 점이라 할 수 있다.

　다음은 실린더형(cylinder shape) 투명용기를 이용하여 윗부분과 투명용기의 밑 부분까지 연결하여 간결하면서도 우아함이 돋보이는 작품이다. 크리스마스 장식으로도 아주 많이 활용되고 있다(사진 40).

투명화기를 이용한 장식, Sylvie PLAYS

레이(lei)를 이용해서 투명화기 안을 채워준 디자인으로 이런 종류의 디자인은 용기 안에 물을 가득 채워주면 반사효과를 낼 수 있는 작품이다. 색상의 사용은 red, green 두 종류의 심플한 사용으로 보색대비(complementary color)를 이뤘다(사진 41).

산세베리아(Sansevieria) 잎으로 자칫 단조로워 보이기 쉬운 투명화기에 운동성과 디자인적인 가치를 가미시킨 작품으로 투명용기 안에 물을 채우고 가지 소재를 용기 안에 넣어줌으로써 투명용기의 사용을 한 번 더 강조했으며, 둥근 느낌의 알로 카시아의 잎과 라인을 강조한 산세베리아 잎의 유사색 조화(analogic color harmony)는 포컬 포인트 역할을 하는 레드 계열의 꽃과 보색 조화를 잘 이뤄내고 있는 작품이다 (사진 42).

사진 43번 작품은 긴 실린더 모양의 투명화기를 사용한 디자인으로 호스타 잎과 컬러 꽃의 단순한 소재를 사용하였지만 대칭축을 중심으로 비대칭적인 디자인이 세련미를 한층 더 돋보이게 한다. 실린더 용기 안에는 호스타 잎을 길이가 다르게 배치해둠으로써 작품의 높이를 어느 정도 파악할 수 있고 컬러 꽃의 줄기는 보통 그대로 사용하거나 아예 짧게 잘라서 꽃만을 사용하는 경우가 대부분인데 여기에서는 줄기를 둥글게 해서 꽂아줌으로써 작품 안에서 라인과 볼륨감을 동시에 강

(43) 투명화기를 이용한 장식, AUDREY (44) 투명화기를 이용한 장식, KIM(EFDF) (45) 투명화기를 이용한 장식, Monique GAUTIER

조하였다.

둥근 볼 모양의 투명용기 안에 수직형으로 배치한 이 작품은 화이트 톤 삼지닥 줄기와 붉은 열매로 위쪽의 수직 라인과 용기 안까지 연결해줌으로써 수직 라인을 더욱더 강조하였으며, 투명용기 입구 부분을 안수리움 잎과 백합으로 각각 그룹핑 해서 사용해주었는데 이는 오아시스를 잘 감추기 위한 아주 탁월한 기법이라 하겠다. 용기 안에 물은 가득 채워 넣거나 아니면 비워두는 쪽이 작품을 이해하기 위해서 도움이 된다고 이미 설명했는데 이 작품은 후자를 택하였다(사진 44).

사진 45번 역시 수직 라인을 강조한 작품으로 화병은 볼록한 원통형의 투명용기를 사용하였으며 대나무(bamboo)가 높이와 폭의 길이를 결정하여 수직 비대칭형을 만들어내었다. 용기 입구 부분에 배치된 안수리움 잎은 작품에 볼륨감을 더해주면서 안정감과 풍성함을 동시에 이뤄냈다. 수직 라인의 비대칭 쪽에 배치된 벙크시아 꽃은 포컬 포인트 역할을 충분히 해내고 있다.

다음 작품은 한발 더 나아가 코코넛 껍질의 역동성을 강조한 디자인으로 디자인이 가미된 투명용기를 사용했는데 이때는 굳이 투명용기의 사용성을 드러내지 않아도 무난하다. 위쪽으로 힘차게 뻗은 코코넛 껍질은 작품에서 역동성을 강조했으

(46) 투명화기를 이용한 장식, Kim(EFDF) (47, 48) 투명화기를 이용한 장식, Monique GAUTIER (49) 투명화기를 이용한 장식, Shigeko DOUIEB

며, 가운데 부분에 사용된 그린 색의 부풀레룸(Bupleurum)이 이를 감싸 안은 듯 부드러움을 강조해주었다. 중앙 부분에 사용된 해바라기도 부풀류룸과 근접색의 조화(proximity color harmony)를 잘 이뤄냈다(사진 46).

사진 47번 작품은 다소 높이와 폭이 있는 투명용기를 사용한 디자인으로 소재의 대부분을 용기 안에 배치하였으며 그린색 계열의 컬러 꽃은 높이를 서로 다르게 놓음으로써 작품에 입체감과 깊이감을 주었다. 컬러 꽃줄기의 배치 또한 눈여겨볼 만하다.

사진 48번 작품은 긴 원통형 투명용기를 거꾸로 뒤집어서 사용한 디자인인데 투명용기뿐만 아니라 일반 용기의 사용해도 되고, 프랑스 플라워 디자인에서는 흔히 볼 수 있는 디자인이다. 열대성의 가느다란 줄기를 여러 겹으로 모아서 매듭처럼 활용하였는데 이는 작품에 볼륨감과 깊이감을 주었으며 붉은 계열의 컬러 꽃줄기와 함께 길게 아래쪽으로 연결해줌으로써 흐르는 라인을 강조하였다.

마지막 작품은 2개의 투명 원형 용기와 반구형 실린더 모양의 화기를 사용했으며 붉은색 컬러 꽃과 줄기를 서로 반대 방향으로 배치하면서 3개의 분리된 화기를 연결해주었다. 물은 투명용기 안에 가득 채워줌으로써 반사효과를 최대한 활용하였고 단일 소재 컬러 꽃과 줄기가 라인과 볼륨감, 깊이 등 작품에 필요한 요건을 충분히 충족시키고 있는 작품이라 하겠다(사진 49).

04

컨템포러리
핸드타이드

앞에서 설명한 바와 마찬가지로 동시대성의 부케란 뜻이다. 이를 현대 부케와 구분하여 다루는 이유는 같은 형식과 규칙을 가진 부케라 하더라도 해마다 새로운 해석과 소재 사용으로 유행을 따르는 디자인이 나오기 때문이다. 플라워 디자인은 고립된 분야가 아니라 패션, 음식, 음악, 미술 등 그해에 각광받은 문화, 산업의 유행에 따라 변하며, 유행의 흐름을 하나의 작품 속에 정제된 디자인으로 농축해 담는 작업이다. 전통적으로 원형을 고수해온 핸드타이드에서 컨템포러리 부케는 전체적으로 둥근 느낌을 유지하면서도 어느 한쪽 부분을 강조하여 뾰족하게 한다든지, 전반적으로 원(round)의 형태가 나오지 않는 디자인이 나오는 등, 변화를 보인다. 소재(material)는 현대 부케보다 꽃 사용량이 늘어나고, 손잡이 부분도 나선형(sprial)보다는 평행형(parallel)을 보이는 추세다. 유행의 포인트를 짚고 있어야 좋은 디자인을 창조할 수 있다(사진 50).

드라세나(Dracaena)와 카네이션(Dianthus)의 유사색 조화(analogic color harmony)를 이용하였고 티파(Thypa)는 컨템포러리 디자인에서 중요한 역할을 담당하는 뾰족한 라인(peak line)을 잘 나타내준다(사진 51).

위의 컨템포러리 핸드타이드 작품들은 코르딜리네(Cordyline)로 뾰족한 선(peak line)을 표현하였고 리시안서스(Eustoma)와 카네이션(Dianthus)은 각각 군락을 사용하여 강조점을 표현하였다. 한 가지 더 주목할 만한 것은 매스 플라워(mass flower)의 색상은 코르딜리네와 같은 붉은 계열의 색상을 사용한 점이다(사진 52, 53).

위의 컨템포러리 핸드타이드는 티파(Thypa)와 컬러(Zanthedescia)가 주 소재로 사용되었는데, 손잡이 부분(banding point)이 평행형이라는 것과 꽃과 소재들 사이의 공간 확보가 잘 됨으로써 각각의 소재의 특성이 잘 나타나 있다는 것을 눈여겨볼 만하다. 컬러 꽃은 줄기(stem) 부분이 즙이 많고 부드러우므로 와이어(#18)를 줄기 속에 넣어(insertion method) 자유롭게 줄기를 구부려서 형태를 만들어 쓰게 되는데, 위의 컨템포러리 핸드타이드는 흰색 컬러 꽃으로 삽입 기법(insertion method)을 잘 이용한 예이다(사진 54).

(50) 컨템포러리 핸드타이드, FFDMC in Singapore, 2016 (51) 컨템포러리 핸드타이드, Sylvie PLAYS (52) 컨템포러리 핸드타이드, EFDF (53) 컨템포러리 핸드타이드, 윤효순(Cecilia YOON) (54) 컨템포러리 핸드타이드, Audrey

05

모던 핸드타이드

크게 세 종류로 나눠서 분류하는 핸드타이드는 일반적인 핸드타이드, 모던 핸드타이드(잎 소재를 메인으로 하는 것)와 컨템포러리 핸드타이드(잎 소재와 꽃 소재를 적절히 사용하는 것)로 구별된다. 구별하는 방법 또한 위에서 한 번 언급했지만, 다시 한 번 강조하자면 컨템포러리(contempoary hand-tied)는 전체적으로 둥근 느낌이 나면서 어느 한쪽 부분을 강조하여 뾰족하게 튀어나오게 하는 등 형태가 원(round)의 형태가 나오지 않게 제작하는 것이 특징인 반면, 모던 핸드타이드는 전체적으로 둥근 느낌이 나게 디자인한다는 점을 기준으로 한다. 그리고 손잡이 부분은 나선형과 평행형 모두 가능하다.

(55) 모던 핸드타이드, EFDF   (56) 모던 핸드타이드, 강혜송(KANG Hai-song)   (57) 모던 핸드타이드, 이지영(LEE ji young), FFDMC in Singapore, 2015

06

클래식 뷔페용
플라워 디자인과 그 응용

클래식 디자인이라는 말에 어울리게 작품 속에 잎(leaf)보다는 꽃(flower)을 훨씬 더 많이 사용했다(사진 58). 일반적인 테이블 센터 피스나 핸드타이드에 비해 장식이 많이 들어가고 소재의 양도 그에 비례해서 늘어나기 때문에 규모가 다소 큰 행사나 연회장에 주로 장식할 수 있는 디자인이다. 놓은 위치는 사이드 테이블을 이용하거나 대범하게 테이블 한가운데에 놓기도 한다. 요즈음은 주로 스탠딩(standing)으로 진행하는 연회나 파티에서도 자주 이런 디자인을 선호한다.

분수형(fountain style) 디자인으로 다소 낮은 화기를 사용해야 안정감 있는 시각적인 균형(visual balance)을 나타낼 수 있다. 공간이 크고 넓은 장소에서도 잘 볼 수 있게 꽃은 둥글고 얼굴이 큰 꽃을 주로 사용하는데 분홍과 붉은 작약(Paeonia), 원예품종 장미, 달리아, 백합, 수국 등 과일이나 채소도 사용할 수 있는 것이 특징이다(사진 59).

다음은 투명화기를 이용하여 다소 높이가 있게 장식한 것으로 상대방의 시선을 거의 방해하지 않기 때문에 테이블 중앙에 놓아도 무난한 디자인이다. 투명화기를 사용할 때 자칫 놓치기 쉬운 화기 안쪽의 장식을 베어그라스(Bear grass)로 잘 배치해 주었으며, 클래식 디자인답게 소재는 잎보다 꽃을 훨씬 많이 사용하였다(사진 60, 61).

다음의 뷔페용 디자인은 높이가 다소 높은 화기를 사용하였다. 이러한 형태는 의자에 앉았을 때, 상대방을 바라보는 시선에 거의 방해가 되지 않기 때문에 테이블 한가운데 놓아도 전혀 어색하지 않다. 소재의 종류는 뷔페용 테이블에 어울리게 채소를 주로 사용하였고 조개류 또한 자주 이용된다. 양옆에 대칭으로 놓인 사진 62번 작품 속 귀리류(Oat)나 사진 63번 작품의 스틸그라스(Still garss)는 중심축으로 몰려 있는 장식들에 집중되는 시선을 양옆으로 분산시키는 역할을 해줌으로써 부케에 안정감을 더해준다. 특히 다소 높이가 있는 화기를 사용할 때 이러한 기법을 자주 이용한다. 그리고 똑같은 모양의 화기 2개를 포개어 사용할 경우, 위아래가 대칭을 이루면서 작품과 함께 세련된 화기를 연출할 수 있으므로 알아두면 좋은 팁(tip)이다(사진 62, 63).

(58) crescent style, EFDF   (59) fountain style, EFDF   (60) Chee Chee Kian. FFDMC in Singapore, 2016   (61) 윤효순(Cecilia YOON), 2016   (62, 63) Monique GAUTIER

07

컨템포러리 리셉션
플라워 디자인

최근에 유행되고 있는 디자인으로 소재의 사용이나 형태도 가장 다양하다고 할 수 있다. 화기의 사용도 자유로워, 지금까지 다뤄왔던 화기들 중에서 가장 높이가 높은 화기들을 사용한다는 것 또한 주목할 만한 점이다. 작품 구성은 특별한 규칙 없이 자유형으로 구성하지만 시각적인 균형이 가장 강조되는 디자인이기도 하다.

다음의 크레센트(crescent) 응용형은 형태와 소재의 사용면에서 클래식 크레센트형과 유사한데, 대칭축을 중심으로 양옆에 똑같은 소재를 사용하여 구성하였다. 그러나 분홍 작약꽃으로 표현된 포컬 포인트의 위치가 클래식 크레센트 기본형보다 중앙에 자리 잡고 있고, 소재도 클래식 기본형에 비해 많은 양이 사용되었기 때문에 스케일 또한 커짐을 한눈에 알아볼 수 있다. 화기가 높다 보니 테이블 중앙에 놓는 경우가 많은데 이런 종류의 디자인은 중앙 부분에 장식이 없으므로 상대방의 시선을 거의 방해하지 않기 때문에 리셉션 장식으로 자주 이용된다(사진 64, 65).

사진 66번 작품은 다소 잔잔한 꽃을 주 소재로 사용하여 풍성한 느낌이 나도록 장식했고, 과일과 채소의 이용도 주목할 만하다. 대부분의 플라워 디자인에서는 플라스틱으로 만든 가짜 과일(Imitative fruit)을 사용하기보다는 진짜 과일을 사용하며 더 나아가서 조가비(Shell)를 사용하기도 한다. 사진 68번은 비대칭 구성으로 작품의 방향성에 주의해야 하며 무게중심이 안정적으로 잘 표현된 작품이라 할 수 있다.

(64, 65) 컨템포러리 리셉션 플라워 디자인 crescent 응용형, EFDF (66) 컨템포러리 리셉션 플라워 디자인, 윤효순(Cecilia YOON) (67) Chee Chee Kian. FFDMC in Singapore, 2016 (68, 69) YON Guat Lee, FFDMC in Singapore, 2016

08

웨딩 부케

웨딩 장식은 보통 우리나라를 비롯하여 신부의 순수성을 두드러지게 표현할 수 있는 화이트 톤으로 장식하는 추세다. 프랑스에서도 화이트 색상을 선호하긴 하지만 다음 사진에서 보면 알 수 있듯이 작품 전체의 색상을 화이트 톤으로만 장식하기보다는 유사색 조화와 보색 조화를 활용하는 경향이 있다는 점이 독특하고 눈여겨볼 만하다.

사진 70 작품은 클래식 라운드형(classic round style)으로 유사색의 조화를 이용하여 디자인한 잔잔한 감동을 주는 신부 부케다. 흰색 오키드(Orchid)로 만든 갈란드(garland)는 신부의 숄더 장식(bridal shoulder decoration)으로 사용된다(사진 71).

사진 72번 작품은 다소 높이가 있는 기둥 모양의 오브제를 이용해서, 윗부분은 라운드 형태로 장식하고 맨드라미나 아스파라거스, 리본 등을 이용해서 늘어뜨려 주었다. 결혼식장에서 가장 눈에 잘 띄는 디자인이라 할 수 있다.

사진 73번 작품은 특히 야외 결혼식장에서 사랑받고 있는 디자인으로, 자칫 단조로워 보일 수 있는 화이트 톤으로만 구성하지 않고 보색(complementary color)을 사용하여 예식장의 분위기를 변화시킬 수 있는 디자인이다.

단상 장식은 늘어뜨리는 형태보다는 단상 테이블 앞쪽의 가장자리만 장식하는 것이 요즈음 트렌드이다(사진 74).

(70) classic round style   (71) bridal shoulder decoration   (72) classic round falling down style   (73) classic horizontal style   (74) classic main wedding table decoration

사진 75번은 다소 디자인은 다르지만 우리나라의 화환과 비슷한 결혼식 축하 화환이다. 보통 1단에서 3단까지 높이가 다르게 장식을 하는데 높이를 조절하는 각 단계의 위치가 일직선이 아닌 나선형(spiral)을 따랐다는 것이 주목할 만하다.

다음은 가장 최근에 자주 웨딩 장식으로 사용되고 있는 디자인이다. 웨딩 장식하면 떠오르는 화이트 톤으로만 장식하기보다는 white&pink 또는 white&pale violet 등의 색상을 자주 사용한다(사진 76). 플라워 종류도 장미(Rosa), 백합(Lilium), 안개(Gypsophila)를 메인 플라워(main flower)로 사용해왔던 것을, 최근 들어서는 수국(Hydrangea) 또는 안개(Gypsophila) 한 종류로 대신하는 경우도 흔히 볼 수 있다(사진 78).

(75) classic wedding entrance decoration   (76) classic wedding table decoration   (77) classic wedding chair decoration
(78) Chee Chee Kian&YON Guat Lee, FFDMC in Singapore, 2016

테마가 있는
프랑스 플라워 디자인 실습

형식에 익숙해지면
상상으로 나만의 디자인을 만들자.

지금까지 이론과 예를 통해 프랑스 플라워 디자인에 대해 전반적으로 알아보았다. 지금부터는 레벨별로 직접 프랑스 플라워 디자인을 구성해보도록 하자. 레벨은 크게 기초와 고급 과정으로 나누었으며, 고급 과정은 점차 수준을 높이는 방향으로 마련해보았다. 각 준비물과 재료, 만드는 법은 첫 번째 작품을 중심으로 했다.

01

프랑스 플라워
디자인 기초 과정

학생과 일반인 모두 가능한 과정이다. 특히 플라워 디자인을 처음 접해보는 사람들에게 좋다. 프랑스 플라워 디자인의 기본 지식을 확실히 다지는 과정이며, 기초를 배운 이후 표면적이 넓은 잎을 이용한 플라워 장식의 기본적인 디자인을 할 수 있다. 프랑스 플라워 디자인은 우리나라에서는 자주 사용하지 않는 과일(포도, 귤, 사과, 오렌지, 금귤, 바나나 등)을 이용한 부케들이 많은 점에 유의한다.

다음은 기초 과정의 커리큘럼으로 과정은 약 1년 정도 배우고 나면 무난하게 이런 종류의 플라워 디자인을 할 수 있다. 각 준비물과 재료, 만드는 법은 첫 번째 작품을 중심으로 했다.

1) 바구니 기초 테크닉과 클래식 사각 센터 피스

a. 바구니 기초 테크닉

- 준비물: 바구니 1개, 오아시스 1개, fix oasis & 오아시스 껌
- 재　　료: 큰도깨비풀(Eryngium giganteum), 과꽃(Callistephus chinensis) — 노란색, 보라색

  미역취(Solidago virga-aurea), 송악(Hedera rhombea)

* 큰도깨비풀 대신 러시아공 꽃을 사용해도 되고 귤 같은 과일을 사용할 수 있다.

• 만드는 법

① fix oasis와 오아시스 껌을 이용하여 오아시스를 바구니 안에 채워 넣는다.

② 노란색 과꽃을 제일 먼저 꽂는다. 부케의 높이는 바구니의 반지름 길이로 하고, 사이드 5개의 길이도 높이와 같은 길이로 한다(이 부케는 높이와 사이드를 5등분 하여 나눈 5개의 선들이 모여서 완성된다).

③ 보라색 과꽃으로 정 가운데(높이)와 사이드 5개를 각각 꽂아야 하는데, 처음에 꽂았던 노란색 과꽃보다는 약간 낮고 어슷하게 꽂으면서, 전체적으로 라운드 느낌이 나도록 꽂아야 한다.

④ 미역취를 보라색 과꽃보다 낮게 ③과 같은 방법으로 꽂아주면 된다. 이 꽃은 다른 꽃들보다는 약간 튀어나오게 꽂아주는 것이 좋다.

⑤ 큰도깨비풀도 ③과 같은 방법으로 꽂아주는데 길이는 과꽃보다는 짧게 꽂는다.

⑥ 송악 잎은 둥글게 말아서 사이사이에 꽂아준다.

⑦ 송악과 큰도깨비풀 잎은 오아시스를 가려준다는 느낌으로 꽂으면 된다.

※ 주의사항: 같은 종류, 같은 색깔의 꽃은 삼각 모양을 유지해야 하며, 절대 같은 높이로 꽂으면 안 된다.

바구니 기초 테크닉, 윤효순(Cecilia YOON)

바구니 기초 테크닉, 강현경(KANG Hyun—gyeung), EFDF

b. 클래식 사각 센터 피스

- 준비물: 수반 1개, 오아시스 1/3개, fix oasis & 오아시스 껌

- 재　　료: 오르니토갈룸(Ornithogalum),

　　　　　라넌큘러스(Ranunculus asiaticus)–노란색, 주황색,

　　　　　아스터(Aster), 아이비(Hedera helix)

* 오르니토갈룸 대신 꼬리풀, 라넌큘러스 대신 과꽃을, 아스터 대신 금사매(Hypericum patulum) 등을 사용할 수 있고 특히 이 작품에서 아이비 잎은 포컬 포인트로 중요한 역할을 한다.

- 만드는 법

① 오아시스는 정 가운데에 고정시킨다.

② 높이는 약 15cm로 하는데 보통 한 뼘(one span) 길이로 잰다.

③ 2개의 길이 – 수반 길이의 1/3

④ 2개의 폭 – 수반 안의 짧은 쪽의 길이(사진 3, 4 참조)

⑤ 4개의 사선 길이 – 2개의 양쪽 길이보다는 짧게, 2개의 폭 길이보다는 길게 꽂는다.

⑥ 포컬 포인트 – 아이비 잎을 3~5개 정도 모아서 엇갈리게 모양을 낸다. 그다음 앞쪽과 뒤쪽에 사선으로 두 군데 꽂는다.

※ 주의사항: 양쪽을 대칭으로 꽂아주는 것이 중요하고, 역시 꽃도 각각 삼각형 모양을 유지하는 게 좋다.

3

클래식 사각 센터 피스 구조, Syvie PLAYS

4

클래식 사각 센터 피스, 윤효순(Cecilia YOON)

2) 꽃과 잎을 이용한 L자형 디자인과 잎과 과일을 이용한 L자형 디자인

a. 꽃과 잎을 이용한 L자형 디자인

- 준비물: 수반 1개, 오아시스 1/3개, fix oasis & 오아시스 껌
- 재　료: 카네이션(Dianthus), 엽란(Aspidistra elatior),

  　　　박쥐란(Polypodium aureum), 아이비(Hedera helix)
- 만드는 법

① 오아시스를 오른쪽 또는 왼쪽으로 한쪽에 고정시킨다. 오아시스 뒤쪽을 1/2 지점에서 사선으로 잘라낸다(오아시스가 수반의 안쪽 방향으로 위치한 지점).

② 높이 – 수반길이의 1.5배로 오아시스를 가로로 4등분 하여 뒤쪽의 1/4 지점에 꽂는다.

③ 앞, 뒤의 폭(깊이감) – 높이의 1/3

④ 큰 환영 길이 – 높이의 2/3

⑤ 작은 환영 길이 – 높이의 1/3

⑥ 균형점의 길이 – 높이의 1/3

⑦ 포컬 포인트 – 활짝 핀 카네이션의 얼굴이 큰 꽃

＊ '환영 길이'란 팔을 벌려서 손님을 맞아들이는 모습에서 이름 지어졌다.

※ 주의사항

- 오아시스를 정 가운데 꽂지 않고 오른쪽 또는 왼쪽에 한쪽에만 위치시킨다.
- 2개의 환영 길이 폭은 너무 넓게 혹은 너무 좁게 꽂지 않는다.
- 뒤쪽의 폭은 45° 정도 세워서 꽂는다.
- 전체적으로 L자형이 되도록 꽂는다.
- 먼저 잎을 꽂은 다음 꽃을 꽂는다.
- 꽃과 잎을 너무 빽빽하게 꽂지 않도록 주의한다.
- 꽃은 배치할 때 삼각 모양을 이루도록 주의한다.
- 포컬 포인트는 앞쪽에서 왼쪽으로 꽂는다(너무 짧아지지 않게 주의한다).

꽃과 잎을 이용한 L자형 디자인, Audrey   잎과 과일을 이용한 L자형 디자인, EFDF

b. 잎과 과일을 이용한 L자형 디자인

- 준비물: 꽃과 잎을 이용한 L자형 디자인과 비슷함

- 재　　료: 엽란(Aspidistra elatior), 레몬(Vitis) 등

- 만드는 법: 꽃과 잎을 이용한 디자인과 동일하다.

※ 주의사항: 꽃과 잎은 항상 홀수로 사용하는 것이 좋다. 특히 꽃은 눈에 잘 띄기 때문에 개수에 주의하여 사용한다면, 더 세련되고 안정감 있는 감각적인 디자인을 만들 수 있다.

3) 미니 클래식 라운드 센터 피스와 수반 기초 테크닉

a. 미니 클래식 라운드 센터 피스

- 준비물: 높이가 없는 둥근 수반, 원기둥 오아시스 1개, fix oasis & 오아시스 껌

- 재　　료: 과꽃(Callistephus chinensis) – 노란색, 붉은색

　　　　　 까치밥나무(Ribes), 포도(Vitis)

* 까치밥나무 대신 우리나라에서 비교적 쉽게 구할 수 있는 부플레룸(Bupleurum)을 사용할 수 있다.

• 만드는 법

① 원기둥 오아시스를 둥근 수반에 고정시킨다.

② 높이-오브제 지름의 1.5배로 꽃을 자르거나 또는 한 뼘(one span) 정도의 길이로 자른다.

③ 과꽃을 높이와 똑같은 길이로 1개와 사이드를 위한 5개를 오아시스의 가장자리에 5등분 하여 평행하게 수평으로 꽂는다.

④ 포도는 사이사이에 꽂아주는데 먼저 사용한 다른 소재들과 비교해서 높이를 낮게 꽂아야 한다.

※ 주의사항: 방법은 바구니 기초 테크닉과 같으나 크기가 훨씬 작은 미니 부케다. 완성 후 부케의 전체적인 모양이 삼각형을 이루면 안 되고, 반달 모양(half round shape)을 해야 한다. 그리고 포컬 포인트는 따로 꽂지 않는다.

미니 클래식 라운드 센터 피스, Sylvie PLAYS

b. 수반 기초 테크닉

- 준비물: 수반 1개, 오아시스 1/3개, fix oasis & 오아시스 껌, 코팅 철사 #20(U핀)

- 재　　료: 엽란(*Aspidistra elatior*), 팔손이(*Fatsia japonica*), 레몬(*Citrus*)

  * 팔손이 대신 작은 몬스테라를 사용할 수 있다.

- 만드는 법

① 오아시스를 가운데 또는 오른쪽이나 왼쪽에 고정시킨다.

② 아주 기초적인 것으로 복잡하지 않는 디자인이지만, 엽란으로 볼륨과 라인을 동시에 표현할 수 있어야 하고 서로 높이나 길이는 다르게 배치한다.

③ 레몬은 포컬 포인트로 배치하였다.

  * 포컬 포인트는 레몬 대신 달리아, 작약, 카네이션 등 얼굴이 큰 꽃을 사용할 수 있다.

  ※ 주의사항: 높이는 한 뼘 정도로 너무 높게 잡지 않도록 한다. 수반 기초 디자인의 종류는 몇 가지로 나눌 수 있는데, 사선 수평형, 대칭 수평형, 비대칭 수평형 등으로 나눌 수 있다.

수반 기초 테크닉 사선 수평형, 윤효순(Cecilia YOON)

수반 기초 테크닉 비대칭 수평형, FFDMC in Singapore, 2016

사진 9의 작품은 수반을 이용하여 비대칭 사선 형태로 디자인하였으며, 두세 종류의 잎을 사용할 수 있다. 포컬 포인트로 사용할 수 있는 소재의 꽃 종은 형태가 큰 달리아, 벙크시아, 작약, 이 작품에서 사용한 다육식물 종류의 꽃인 스쿨런트(Succulent) 등이 있다. 채소나 과일로 파프리카, 사과, 레몬 등을 사용할 수도 있다.

4) 창조 부케와 피라미드형 부케

a. 창조 부케(잎 위주 사용)

- 준비물: 오브제(화기), 오아시스, fix oasis & 오아시스 껌, 코팅 철사(U핀)

- 재　　료: 엽란(Aspidistra elatior), 필로덴드론(Philodendron Xanadu), 백합(Lilium longiflorum)

- 만드는 법

① 엽란으로 먼저 높이를 정하여 꽂는다.

② 엽란을 원하는 방향으로 모양을 내고 U핀으로 오아시스에 고정한다.

③ 뒤쪽으로 필로덴드론 크사나두를 꽂아준다.

④ 앞쪽으로 백합을 꽂는데 사방으로 꽂지 않도록 주의한다.

⑤ 백합은 앞쪽으로 포인트를 주면서 뒤쪽과 연결시켜주면 된다.

창조 부케, 윤효순(Cecilia YOON)

창조 부케, Sylvie PLAYS

　　사진 11번 작품은 고난도의 기술이 필요한 창조 부케로 전체적으로 넓고 길이가
긴 쿠르쿨리고(Curculigo) 잎으로 작품의 폭과 높이를 정했고, 높이 위로 덧붙인 몰루

셀라(Molucella)는 작품의 라운드 모양을 강조하며, 사과가 포컬 포인트 역할을 하고 있다. 전체적인 색상은 화기를 포함, 단일 색상의 조화를 이루도록 통일하였다.

b. 피라미드형 부케

- 준비물: 발이 달린 편평한 유리 오브제, 오아시스 1/2개,
  fix oasis & 오아시스 껌, 코팅 철사(U핀)&꽃 칼
- 재　　료: 과꽃(Callistephus chinensis), 알케밀라(Alchemilla mollis),
  포도(Vitis) – 검정, 연녹색

* 알케밀라(알쉐밀라)는 우리나라에서 꽃 장식에 자주 사용하지 않아 구하기 어려우므로, 대신 부풀레룸을 사용할 수 있다.

- 만드는 법

① 오아시스 1개를 칼로 피라미드 또는 원뿔형 모양으로 다듬어 만든다.

② 어느 정도 모양을 낸 후 손으로 다듬어 피라미드 모양을 완성한다.

③ 한 뼘 정도 길이의 알쉐밀라로 꼭대기에 높이를 꽂아준 후(수직으로 꽂는다) 전체의 폭을 결정짓는 아래쪽은 평행하게 원 모양으로 고르게 꽂는다(길이는 높이와 같은 길이로 꽂는 게 이상적이다).

④ 과꽃을 처음 사용했던 소재, 알쉐밀라보다 짧게 오아시스 아래쪽에서 위쪽으로 꽂으면서 장식한다.

⑤ 포도는 재료 중에서 가장 짧은 길이로 꽂는다.

※ 주의사항: 꽂는 순서는 밑에서 위로 장식한다. 모든 소재는 높이와 아랫부분을 포함하여 전체적으로 장식하는데 위로 갈수록 폭이 좁아지게 장식한다.

사진 13번 작품은 엽란과 르비스토나로 베이스를 구성하였고 그 위에 브로콜리와 방울토마토 등으로 장식해주었다. 브로콜리로 너무 많이 장식하지 않고 밑 부분에 더해줌으로써 전체적인 피라미드 모양에 안정감을 줄 수 있다.

피라미드형 부케, Audrey

피라미드형 부케, Marie de CHAMBORD

5) 클래식 환영 부케 I: 잎만 사용한 대칭 삼각형과 잎과 꽃을 함께 사용한 대칭 삼각형 비교

a. 클래식 환영 부케 대칭 삼각형(잎만 사용)

- 준비물: 약 **20cm** 정도 높이가 있는 오브제(발 부분이 정사각형인 오브제),

  오아시스 1/2개, fix oasis & 오아시스 껌,

  워터 푸르프 테이프(water proof tape)

- 재　료: 줄고사리(Nephrolepis), 유칼립투스(Eucalyptus),

  루스쿠스(Ruscus), 둥글레(Polygonatum), 갈락스(Galax)

* 루스쿠스 대신 우리나라에서 쉽게 구할 수 있는 사철나무를 이용할 수 있고, 갈락스 대신 아이비를 사용할 수 있는데, 이때 잎이 큰 것을 사용한다.

- 만드는 법

① 오아시스 1/2개를 오브제에 고정시키는데 오아시스는 정면에서 보았을 때 정사각형 오브제의 꼭짓점과 오아시스의 꼭짓점이 일치하게, 마름모꼴이 되도록 놓는 것이 중요하다.

② 부케의 높이 - 오브제 높이의 2배 또는 2.5배로 오아시스를 가로로 4등분 하

여 뒤쪽의 1/4 지점에 꽂는다.

③ 앞과 뒤의 폭(깊이감) – 길이는 높이의 1/3이고, 오아시스 앞과 뒤의 꼭짓점에 각각 꽂는다. 단, 앞쪽은 수평으로 꽂고, 뒤쪽은 45° 정도 세워 꽂아주는 것이 중요하다(이 작품은 주로 코너 장식을 위한 것으로 뒤쪽은 장식을 거의 하지 않아도 되기 때문에 45°를 세워서 꽂아주는 것이다).

④ 2개의 환영 길이 – 각각 높이의 2/3이고, 오아시스 앞 꼭짓점 양옆에 2개의 환영 길이를 꽂는다. 너무 넓거나, 너무 좁게 꽂지 않도록 주의해야 하며, 각 소재는 L형 부케와 같은 형식으로 배치한다.

⑤ 2개의 균형점(옆길이) 길이 – 높이의 1/3 길이로 양옆의 꼭짓점에 각각 수평으로 꽂는다.

⑥ 포컬 포인트 – 오아시스 앞쪽 꼭짓점에서 왼쪽으로 꽂는다.

※ 주의사항: 첫 번째 높이를 꽂을 때는 오아시스를 4등분 한 후, 뒤쪽의 1/4 지점에서 약간 뒤로 젖혀지게 꽂는 것이 클래식 삼각형 부케의 특징이다. 그리고 뒤쪽의 폭은 45° 정도 세워서 꽂는다. 특히 꽃의 높이를 똑같이 꽂으면 입체감(relief)을 살릴 수 없으므로 각각의 꽃은 다른 높이를 가지고 있어야 한다. 또한 꽃은 각각 삼각형 모양을 이뤄야 한다. 높이 다음에 꽂는 부가물(annexe)들은 왼쪽에서 오른쪽 또는 오른쪽에서 왼쪽 순서로 반복해서 꽂아야 한다.

클래식 삼각형 부케의 구조

클래식 환영 부케, 잎만 사용, EFDF

잎만 소재로 사용할 경우, 꽃과 혼합하여 소재를 사용할 때보다는 배치할 때 제약을 덜 받기는 하지만, 같은 종류의 잎을 지나치게 반복해서 꽂지 않도록 주의해야 한다. 자칫 잘못 배치했을 때 잎 또는 가지들만 쌓아놓은 듯한 인상을 주기 때문에 주의해가면서 꽂아보는 연습 또한 필요하다.

b. 클래식 환영 부케: 대칭 삼각형(잎과 꽃 사용)

- 준비물: 잎만 사용한 클래식 환영 부케와 동일

- 재　　료: 루스커스(Ruscus), 왁스(Wax), 라넌큘러스(Ranunculus),
  알스트로에메리아(Alstroemeria), 개머루(Ampelopsis) 잎

- 만드는 법: 클래식 환영 부케 대칭 삼각형(잎만 사용)과 동일하다.

클래식 환영 부케, 잎과 꽃 사용, Sylvie PLAYS

6) 클래식 환영 부케 Ⅱ : 잎만 사용한 비대칭 삼각형과 잎과 꽃을 함께 사용한 비대칭 삼각형의 비교

a. 클래식 환영 부케: 비대칭 삼각형(잎만 사용)

- 준비물: 클래식 환영 부케 대칭 삼각형(잎만 사용)과 동일
- 재　료: 클래식 환영 부케 대칭 삼각형(잎만 사용)과 동일
- 만드는 법

① 오아시스 1/2개를 오브제에 고정시키는데 오아시스는 정면에서 보았을 때 정사각형 화기의 꼭짓점과 오아시스의 꼭짓점이 일치하게 마름모꼴이 되도록 놓는다.

② 부케의 높이 - 화기 높이의 2배 또는 2.5배로 오아시스를 가로로 4등분 하여 뒤쪽의 1/4 지점에 꽂는다.

③ 앞과 뒤의 폭(깊이감) - 길이는 높이의 1/3이고, 오아시스 앞과 뒤의 꼭짓점에 각각 꽂는다. 단 앞쪽은 수평으로 꽂고, 뒤쪽은 45° 정도 세워서 꽂아줘야 한다.

④ 긴 환영 길이-높이의 2/3 길이로 오아시스의 앞쪽 꼭짓점에서 오른쪽에 수평으로 꽂는다.

클래식 환영 부케, 비대칭 삼각형, 잎만 사용, Sylvie PLAYS

⑤ 짧은 환영 길이 - 높이의 1/3 길이로 오아시스의 앞쪽 꼭짓점에서 왼쪽에 수평
　으로 꽂는다.

⑥ 2개의 균형점(옆 길이) 길이 - 높이의 1/3의 길이로 오아시스 양쪽의 1/2 지점인
　꼭짓점에 각각 꽂는다.

* 일반적인 삼각형 모양에서는 생략하기도 하지만 전체적으로 소재를 입체감 있게 연결하기 위해서는 필요한 구성 요소다.

⑦ 포컬 포인트 - 오아시스의 중심점에서 왼쪽으로 꽂는다.

* 회화, 건축, 패션디자이너, 플로리스트 등 대부분의 디자이너가 비대칭을 구성할 때는 좌측을 짧게 우측을 길게 디자인을 하는 경향이 있는데, 특히 비대칭 삼각형을 구성할 때 이 현상이 잘 나타난다. 이것은 시선의 흐르는 방향과 연관성이 있고 왼쪽에서 시작하여 오른쪽으로 흐르는 시선을 이용하기 때문이다. 아래 비대칭 삼각형 구성을 보더라도 좌측은 짧게, 우측을 길게 비대칭 삼각형을 구성함을 알 수 있다.

b. 클래식 환영 부케: 비대칭 삼각형(잎과 꽃 사용)

• 준비물: 잎만 사용한 클래식 환영 부케와 동일

• 재　　료: 루스커스(Ruscus), 개머루(Ampelopsis) 잎, 장미(Rosa. spp),
　　　　　알스트로에메리아(Alstroemeria), 델피니움(Delpinium)

• 만드는 법: 잎만 사용한 클래식 환영 부케 비대칭 삼각형과 동일하다.

클래식 환영 부케, 비대칭 삼각형, 잎과 꽃 사용
윤효순(Cecilia YOON)

클래식 환영 부케, 비대칭 삼각형, 잎과 꽃 사용
윤효순(Cecilia YOON)

7) 자유로운 디자인의 센터 피스&실린더 화기 안의 현대 부케: 잎만 사용한 비대칭 삼각형과 잎과 꽃을 함께 사용한 비대칭 삼각형의 비교

a. 자유로운 디자인의 센터 피스

- 준비물: 발이 달린 금속화기, 오아시스 1개, 연녹색 초 2개, 대나무 꼬챙이(wood pick)
- 재　　료: 작약(Paeonia), 호스타(Hosta), 아티초크(Artichaut), 백합(Lilium), 보리(Hordeum), 사과(Malus), 알케밀라(Alchemilla mollis), 백당나무(Viburnum, 접시꽃나무), 아스클레피아스(Asclepias curassavica) 등

- 만드는 법

① 오아시스를 화기 안에 가득 채운다.

② 꽃과 잎을 먼저 꽂는다.

③ 과일을 전체적으로 풍성한 느낌이 나도록 꽂는데, 길고 가는 대나무 막대기(long thin wood pick)를 이용해서 꽂을 수 있다.

④ 약간 비대칭 라운드 형태로 꽂는다.

⑤ 초는 맨 마지막에 높이를 서로 다르게 꽂는다.

자유로운 디자인의 센터 피스
Jacline NATAF vice-president

자유로운 디자인의 센터 피스
Sylvie PLAYS

사진 21번 작품은 가운데 초(candle)를 중심으로 대칭으로 장식하였고, 각종 나뭇가지를 이용하여 아스피디스트라(Aspidistra)와 함께 전체의 폭을 구성하였다. 베리 류(berry)의 소재도 작은 볼(ball)들과 함께 장식하여 크리스마스 분위기를 연출할 수 있다.

b. 실린더 화기 안의 현대 부케

- 준비물: 높이 약 30cm인 실린더 모양의 화기, 그물 철사,

  원기둥 오아시스, 코팅 철사 #20(U핀)

- 재　료: 코르딜리네(Cordyline), 담쟁이덩굴 잎(Parthenocissus), 달리아(Dahlia)

- 만드는 법

① 먼저 실린더 모양의 화기 속에 그물 철사를 돌돌 말아서 속에 넣는다(오아시스를 지탱해주고 통기성을 좋게 한다).

② 그 위에 원기둥 모양의 오아시스를 얹는다(오아시스는 그물 철사로 인하여 고정된다).

③ 코르딜리네 잎을 꽂는다.

④ 담쟁이덩굴은 특히 볼륨감을 주는 느낌으로 꽂으면서 오아시스를 가려주면서 꽂아주어야 한다.

⑤ 달리아는 원하는 모양을 내기 위해서 줄기에 철사를 끼워서 사용(insertion method)한다.

　* 실린더 모양의 화기를 사용한 모던 디자인 기본형은 여러 가지가 있다(대칭/비대칭 수평형, 수직형, 사선형, 라운드형, 라운드+수직형, 라운드+폭포형 등). 모든 현대 부케의 형태는 이 기본 형식을 기초로 변형된 부케이다.

사진 23번 작품은 비대칭 수평형으로 엽란과 르비스토나를 주 소재로 사용하였고, 해바라기를 포컬 포인트로 중심축에서 약간 짧은 쪽 라인에 꽂아주었다. 주의할 점은 엽란으로 라인(line)과 볼륨감(volume)을 모두 표현해야 한다는 것이다.

실린더 화기 안의 현대 부케, 라운드 폭포형
윤효순(Cecilia YOON)

실린더 화기 안의 현대 부케, 비대칭 수평형
Laurence PEREZ

8) 평행 부케(Bouquets parallèles)

a. 잎 위주의 평행 부케

- 준비물: 길이가 40~50cm 정도 되는 직사각형의 발이 없는 수반 2개(라운드형의 발이 없거나 수반 높이가 5~8cm이고 지름이 약 50cm인 것),

  1/2 크기의 오아시스 조각 3개, fix oasis 3개 & 오아시스 껌

- 재 료: 엽란(Aspidistra elatior)5장, 드라세나(Dracaena)5장,

  수염 패랭이꽃(Dianthus barbatus), 알케밀라(Alchemilla mollis), 호스타(Hosta)

* 이 외에도 선형(line)이 나올 수 있는 재료는 모두 가능하다.

- 만드는 법

① 오브제로 수반 2개를 사용할 때는 1/3 정도가 겹치도록 놓는다.

② 오아시스를 3조각 준비하고 (3조각 모두 가로 6cm, 세로 6cm, 높이 6cm 기준으로 사용할 수 있는데 작게 또는 크게 해도 상관없다), 오아시스를 각각 3개의 그룹으로 나눠서 고정시킨다.

③ 첫 번째 높이-길이는 2개의 수반 대각선 길이의 1.5배로 한다.

④ 두 번째 높이 - 길이는 첫 번째 높이의 2/3이다.

⑤ 세 번째 높이 - 길이는 첫 번째 높이의 1/3이다.

* 평행 부케는 사선형(obique), 수직형(vertical) 등 크게 두가지로 나눌 수 있다.

잎 위주의 평행 부케, EFDF

※ 주의사항: 오브제로 2개의 수반을 사용할 경우 약간 겹치게 놓는다(사진 24 참조).
밑쪽을 장식할 때는 볼륨감과 운동감을 중요시한다. 밑쪽의 잎(호스타)은 반드시 한 방향이 아니어도 괜찮다. 3그룹
은 각각 재료가 균일하게 들어가야 하며 균형을 이루게 꽂는 것이 중요하다. 잎을 사용할 때는 항상 홀수로 사용하
는 것이 부케의 안정감을 더해준다.

사진 25는 프레이밍 기법을 이용한 수직평행형 디자인이다.

b. 줄기와 꽃 중심의 평행 부케

- 준비물: 잎 위주의 평행 부케와 동일

- 재   료: 속새(Equisetum hyemale), 솔리다고(Solidago), 드라세나(Dracaena), 호스타(Hosta)

  * 이외에도 신서란(Phormium)과 달리아(Dahlia), 프로테아(Protea) 등을 사용할 수 있다.

- 만드는 법: 잎 위주의 평행 부케와 동일하다.

사진 26번 작품은 누운 평행형, 즉 사선평행형이고 사진 27번 작품은 수직평행
형이다.

줄기와 꽃 중심의 평행 부케, 사선평행형, Laurence PEREZ

줄기와 꽃 중심의 평행 부케, 수직평행형, Laurence PEREZ

02

프랑스 플라워 디자인 고급 과정

앞서 살펴본 기초 과정을 마스터하고 나면 현대 부케의 테크닉을 배울 준비가 된다. 따라서 고급 과정은 프랑스 플라워 디자인 기초 과정을 마스터한 사람들이나, 플로리스트로 1년 이상 경험이 있는 사람을 대상으로 한다. 이 과정의 목적은 유러피언, 특히 프랑스에서 생겨나고 현재 유행하고 있는 현대 부케를 이해하는 데에 있다. 이 과정을 통해 고도의 테크닉을 습득하고, 여러 종목의 꽃 장식에 이를 응용하여 창작 부케를 만들 수 있다.

이렇듯 고급 과정은 현대 부케에 초점을 맞추고 있는데 여기서 현대 부케(Bouquet moderne)란 모니크 고티에(Monique Gautier)가 20세기 초에 창조한 것으로, 꽃을 중심으로 하던 클래식 플라워 디자인에 잎을 도입, 꽃과 잎을 적절하게 사용하여 아주 모던하면서도 세련된 느낌이 나게 꽃 장식을 하는 것을 말한다. 꽃만 사용했을 때는 느낄 수 없는, 아주 엘레강스한 느낌을 주는 부케다.

1) 꽃과 포도를 이용한 부케

- 준비물: 높이가 30cm 이상인 화기, 오아시스, fix oasis & 오아시스 껌, 워터 푸르프 테이프, 코팅 철사 #20(U핀)

• 재　료: 큰꿩의 비름(Sedum spectabile), 코르딜리네(Cordyline terminalis),

　　　　아이비(Hedera helix), 신갈나무(Quercus) 잎, 포도(Vitis), 사과(Malus)

• 만드는 법

① 먼저 코르딜리네 잎을 꽂는데 3장 정도가 적당하며 너무 많이 꽂지 않도록 한다.

② 높이는 정해지지 않았지만 너무 높게 장식하는 것은 피한다. 시각적 균형(visual balance)을 위해서는 오브제와 그 작품의 형태에 잘 어울리는 높이를 정해야 한다.

③ 큰 꿩의 비름은 오아시스 뒤쪽에 군락(mass)으로 꽂아준다.

④ 포도가 흘러내리지 않도록 가는 철사(#26)로 돌려가면서 감아준다. 철사로 감은 포도의 끝부분을 약간 두꺼운 대나무 막대기(thick wood pick)로 오아시스에 고정한다.

⑤ 사과는 대나무 막대기를 2~3개 정도 이용하여 오아시스에 바싹 닿은 느낌으로 꽂아준다.

⑥ 신갈나무 잎은 볼륨 있게 오아시스를 가려주면서 꽂아준다.

⑦ 마지막으로 아이비 줄기를 밑으로 늘어뜨리면서 꽂는다.

* 높이가 있는 용기에 디자인할 때는 자칫 잘못하면 작품만 위에 둥 떠 있는 느낌을 줄 수 있으므로 용기 밑쪽으로 흘러내리는 선을 활용하여 연결시켜주면 시각적인 균형을 통해 안정감 있게 구성할 수 있다.

사진 29는 사과와 포도를 이용하여 앞 작품(사진 28)보다는 훨씬 더 풍성하고 자연

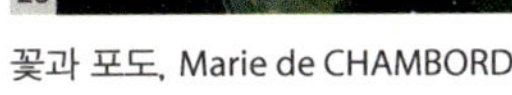

꽃과 포도, Marie de CHAMBORD

스럽게 장식하였다. 다소 높이가 있는 용기 덕분에 포도의 흘러내리는 선을 충분히
잘 강조할 수 있다.

2) 다과를 위한 부케

a. 바구니에 준비한 다과를 위한 부케

- 준비물: 높이가 약 10~15cm에 길이는 40cm 이상인 바구니,
         소품으로 된 찻주전자, 차를 담을 수 있는 대나무 통과 소품 찻잔 등,
         오아시스 2개, 코팅 철사 #20(U핀)
- 재　　료: 불두화(Viburnum), 술패랭이(Dianthus barbatus)—여러 가지 색상
         갈락스(Galax)
- 만드는 법

① 바구니 안에 오아시스를 채우고, U핀을 이용해서 갈락스 잎을 꽂아 오아시스
   를 가려준다.
② 그 위를 미리 준비해둔 소품, 술패랭이꽃과 불두화로 장식한다.
③ 꽃을 꽂을 때는 높이를 낮게 하고, 모든 재료가 비슷한 높이를 갖게 한다.
④ 꽃은 한 종류로 전체를 채우지 말고 부분마다 군락으로 꽂아준다.
⑤ 소품을 이용해서 전체적인 작품의 높낮이를 조절한다.

b. 차 주전자(tea-pot) 모양의 다과를 위한 부케

- 준비물: 투명화기, 티백(tea-bag)
- 재　　료: 호스타(Hosta), 스위트피(Lathyrus odoratus), 박하(Mentha)
         술패랭이(Dianthus barbatus), 속새(Equisetum hyemale)
- 만드는 법

① 손 부케(hand-tied) 만드는 방법과 비슷하지만 손잡이 부분을 굳이 나선형 모양
   (spiral)으로 만들지 않아도 된다.

② 속새로 손잡이 모양을 만들고, 호스타(Hosta) 잎으로는 주전자 입을 표현한다.

3) 호스타와 꽃 부케

바구니에 준비한 다과를 위한 부케, Sylvie PLAYS

차 주전자 모양의 다과를 위한 부케, 윤효순(Cecilia YOON)

• 준비물: 높이 **20cm** 이상인 화기, 오아시스, **fix oasis &** 오아시스 껌, 코팅 철사 (U핀), 워터 푸르프 테이프

• 재　료: 호스타(Hosta), 고데치아(Godetia),

　　　　알케밀라(Alchemilla mollis), 보리(Hordeum vulgare)

• 만드는 법

① 대칭 수평형으로 그 형태에 맞게 호스타 잎을 꽂아준다.

② 고데치아는 오아시스 앞쪽과 밑쪽을 장식하는데, 특히 사방으로 빽빽하게 꽂는 것은 피해야 한다.

③ 보리는 호스타 잎과 같은 방향으로 꽂아준다.

④ 알케밀라(알쉐밀라)는 한쪽 부분만 장식하는데, 오아시스를 가려주듯 꽂아준다.

* 보통 사진 32번과 같은 화기는 대칭 수평형, 비대칭 수평형, 사선형의 현대 부케를 만들 때 주로 쓰인다.

호스타 잎과 꽃, Sylvie PLAYS

호스타 잎과 꽃, Marie de CHAMBORD

사진 33번 작품은 다소 높이가 있는 실린더형 화기를 사용했다. 주 소재는 두 부분으로 나누어서 각각 호스타 잎과 알쉐밀라로 장식하였으며, 컬러(Zantedeschia aethiopica) 꽃이 포컬 포인트 역할을 하고 있다. 전체적으로 단일색의 조화를 이루면서 싱그러움이 한층 더 묻어난다.

4) 바구니 안의 창조 부케

- 준비물: 바구니 2개, 오아시스 2개, fix oasis & 오아시스 껌, 코팅 철사 #20(U핀)
- 재　　료: 라넌큘러스(Ranunculus asiaticus), 아스터(Aster),

　　　　용버들(Salix matsudana, 곱슬버들), 갈락스(Galax)

* 아스터 대신 안개꽃을 사용할 수 있고 갈락스 잎 대신 아이비(Hedera)를 사용할 수 있다.

- 만드는 법

① 바구니 안에 오아시스를 각각 채운다.

② 바구니를 비스듬히 엎어 놓는다.

③ 2개의 바구니를 잇듯이 용버들로 연결시킨다.

④ 라넌큘러스를 길게 또는 짧게 양쪽 바구니에 꽂는다.

⑤ 라넌큘러스는 용버들 위로 말려가는 듯한 느낌으로 꽂을 수 있다.

⑥ 아스터를 짧게 양쪽 바구니에 꽂는다.

⑦ 갈락스는 약간 둥글게 접어서 엇갈리게 배치하고, 오아시스를 가리면서 꽂는다.

(34) 바구니 안의 창조 부케, Laurence PEREZ (35) 바구니 안의 창조 부케, 윤효순(Cecilia YOON) (36) 바구니 안의 창조 부케, Marie de CHAMBORD

사진 35번 작품은 바구니 내부 전체를 오아시스로 채우지 않고 한쪽 부분만 1/3 조각의 오아시스로 고정시킨다. 주의할 점은 바구니 안을 가득 채워서 장식하지 않는 것이다. 또한 바구니 손잡이 부분의 라인을 따라서 장식하는데, 이때 주의할 점은 운반하기 쉽게 손잡이 부분을 모두 장식하지 않는 것이며, 이렇게 함으로써 디자인적 효과가 배가되기도 한다.

사진 36은 바구니를 꽉 채우지 않는 것이 팁으로 주로 높이가 없고 낮은 형태의 사각형, 타원형, 원형의 바구니를 사용할 수 있다.

5) 바닷가 부케

- 준비물: 물고기 모양의 오브제, 그물, fix oasis,

  장식용 가리비 및 조약돌, 오아시스 1개

- 재　　료: 금사매(Hypericum) 열매(갈퀴망종화), 갈락스(Galax)

- 만드는 법

① 작품의 주제에 어울리게 물고기 모양의 오브제를 그대로 살리는 것이 특징으
로 오브제를 세워서 놓는다.

② 그물은 위에서 아래로 자연스럽게 늘어뜨린다.

③ 금사매 장식은 주로 아래쪽에 한다.

④ 장식용 가리비를 벽돌을 쌓듯이 층층으로 꽂아준다.

※ 주의사항: 식물성 재료를 너무 많이 꽂지 않도록 주의한다.

37

바닷가 부케, Marie de CHAMBORD

38

바닷가 부케, Sylvie PLAYS

사진 38번 작품에는 국화(Dendranthema grandiflora), 필로덴드론(Philodendron) 등의 식물
성 재료가 사용되었다.

6) 모던 웨딩 부케

- 준비물: 플로랄 테이프(녹색), 가는 철사와 약간 굵기가 있는 철사(#24, #20, #18), 워터 푸르프 테이프, 라피아(Raphia)
- 재　료: 리시안서스(Eustoma grandiflorum), 호스타(Hosta), 컬러(Zantedeschia aethiopica) 줄기
- 만드는 법

① 자연 줄기를 사용해야 하기 때문에 줄기를 길게 준비한다.

② 리시안서스는 손잡이 부분(banding point)을 한쪽 방향으로 돌리면서 꽃을 넣어야 하는데, 이렇게 만든 부케의 손잡이를 나선형(spiral)으로 놓는다고 표현한다.

③ 컬러 줄기는 철사(18번 정도 굵기)를 줄기 속에 끼워서(insertion method) 잘 구부려 원하는 모양을 만들어서 사용한다.

④ 한쪽은 호스타 잎으로, 다른 한쪽은 컬러 줄기로 디자인한다.

⑤ 손잡이 부분은 워터 푸르프 테이프로 부케를 고정하거나, 리본을 사용할 경우에는 끝부분에 장식이 달린 진주핀을 여러 개 꽂아 고정시킬 수 있다.

⑥ 부케의 손잡이 부분(banding point)은 한 뼘 정도의 길이로 남겨놓고 잘라낸 다음, 라피아 끈으로 묶어서 마무리한다.

모던 웨딩 부케, Sylvie PLAYS

모던 웨딩 부케, Jacqueline NATAF

모던 웨딩 부케, EFDF

사진 40번 작품은 작품은 벽걸이형 디자인으로 주로 결혼식 때 신부의 집 현관 문에 장식한다. 그 외 호텔 리셉션, 결혼식장, 기타 행사에 이용되기도 한다. 사진 41은 결혼식 때 신부가 드는 부케의 일종이다. 다소 키가 큰 신부들이 이렇게 늘어 뜨리는 형태의 부케를 자주 사용한다.

7) 클래식 웨딩 신부 부케

- 준비물: 코팅 철사(#18)와 가는 철사(#24, #26),

    크리넥스 티슈 또는 면 솜, 소량의 물, 플로랄 테이프(녹색)
- 재   료: 라넌큘러스(Ranunculus asiaticus), 장미(Rosa spp.),

    돈나무(Pittosporum eugenioides), 갈락스(Galax)

- 만드는 법

① 제일 먼저 소재들을 잘 다듬는다. 특히 부케를 만들 꽃의 밑 부분 잎을 제거하 는데, 꽃봉오리 바로 아래(3~4cm 정도)의 몇 개만 남겨두고 모든 잎을 제거한다.

② 장미는 줄기를 짧게 자른다. 꽃봉오리에서 시작하여 3~4cm를 남겨두고 줄기 를 잘라낸 다음, 잘라낸 줄기 부위에 물 묻힌 휴지를 대고 플로랄 테이프로 감 아준다.

③ 장미와 라넌큘러스는 봉오리 부분 바로 밑줄기에 2개의 철사(#24)를 이용하여 십자 모양으로 관통하도록 한다. 이것을 피어스법(pierce method)이라고 한다.

④ 돈나무는 줄기와 잎 부분을 녹색의 가는 철사(#26)를 이용하여 후크법(hook method)으로 고정한 다음, 철사 1개(#18)를 대고 플로랄 테이프로 감는데 끝부분 은 물 묻힌 휴지를 대고 감아준다.

⑤ 갈락스는 잎끝 1cm 정도 아래에서 스윙법(sewing method)으로 철사 처리를 해준다.

⑥ 위의 작업이 다 끝나면, 맨 먼저 장미를 한 송이만 손으로 잡는다(main flower, center fower).

⑦ 장미 주위를 돈나무 줄기 3개로 두른다(first supplementary leaf or flower).

⑧ 장미와 돈나무 사이에 라넌큘러스를 3개 두른다(second supplemen-tary flower or leaf).

⑨ 그 주위에 다시 돈나무→장미→돈나무→라넌큘러스 순서로 두른다.

* 전체적으로 화려하지는 않지만 우아한 멋이 있는 부케이다.

※ 주의사항: 반드시 재료들을 하나하나 나선형 모양으로 겹치면서 배치해야 한다.

클래식 웨딩 신부 부케, 윤효순(Cecilia YOON)

클래식 웨딩 신부 부케, Maire de CHAMBORD

사진 43은 비교적 간편하게 만들어볼 수 있는 디자인으로 주로 단일색으로 장식하였고 손잡이 부분은 라피아 끈으로 고정시켜준 아주 심플한 신부 부케이다. 요즈음은 간소화된 결혼식의 유행으로 이런 종류의 신부 부케를 선호하기도 한다.

8) 모던 테이블 부케

• 준비물: 수반 1개(다양한 오브제 사용 가능), 오아시스, fix oasis & 오아시스 껌,

　　　코팅 철사 #20(U핀)

• 재　료: 엽란(Aspidistra elatior), 코르딜리네(Cordyline terminalis),

　　　튤립(Tulipa), 고데치아(Godetia) = 클라키아(Clrakia)

• 만드는 법

① 수반 한쪽(오른쪽, 왼쪽, 가운데 중에서 한 곳 선택)에 오아시스 1/3개를 고정시킨다.

② 높이는 한 뼘 정도로 정하고, 엽란을 먼저 꽂은 다음, 코르딜리네도 엽란과 같은 느낌으로 꽂아준다.

③ 튤립은 줄기를 그대로 사용하여 곡선을 만들면서 어울리게 장식한다.

④ 고데치아는 군락으로 어느 한쪽만 꽂는 것이 좋으며, 포컬 포인트 역할을 하는 활짝 핀 튤립 주위에 꽂아준다. 이때 너무 많이 장식하지 않도록 주의해서 장식한다.

※ 주의사항: 잎과 꽃을 사용할 때는 항상 잎을 먼저 꽂은 다음 그것에 어울리게 꽃을 장식하고, 꽃을 너무 많이 여기저기 꽂지 않도록 주의해야 한다. 그리고 높이를 너무 높지 않게 장식하도록 한다. 하지만 유럽을 비롯한 서양에서는 스탠딩 파티(standing party)가 익숙한 문화여서 부케의 높이가 60~70cm를 훌쩍 넘어서기도 하는데, 이때는 사이드 테이블을 이용하여 올려놓는다.

사진 46번의 작품은 다소 높이가 있지만 사이드 테이블을 이용해서 놓을 수 있으므로 모던 테이블 장식으로 인기 있는 디자인이다. 색상은 단일 색상으로 통일하였다.

(44) 모던 테이블 부케, 윤효순(Cecilia YOON)　(45) 모던 테이블 부케, 강현경(KANG Hyun-gyeung)　(46) 모던 테이블 부케, 윤효순(Cecilia YOON)

9) 흙으로 빚은 오브제 부케

- 준비물: 유색 토기 2개(대, 소), 오아시스 1개, 라피아(Raphia)
- 재 료: 거베라(Gerbera), 미니 장미(Rosa), 미역취(Solidago),
  물레나물(Hypericum, 금사매), 알케밀라(Alchemilla mollis)
- 만드는 법
① 오브제 속에 각각 오아시스를 채운다.
② 맨 먼저 알케밀라(알쉐밀라) 잎을 꽂은 다음 거베라, 금사매, 미니 장미, 미역취
  순서로 꽂는다.
③ 토기를 자신이 원하는 위치에 놓을 수 있다(둘 다 눕히거나 하나만 눕힐 수도 있다).
④ 라피아로 장식하면서 마무리한다.

47

흙으로 빚은 오브제, 윤효순(Cecilia YOON)

48

흙으로 빚은 오브제, Sylvie PLAYS

사진 48번 작품은 고데치아 꽃을 이용하여 유사색 조화로 단순하게 장식하였지
만 뿌리 종류로 둘러싸여 장식된 아래 화기와 흰색 돌은 작품 전체를 단순성에서
벗어나게 하는 역할을 하였다.

10) 피망과 페퍼 부케

- 준비물: 약간의 높이가 있는 오브제, 오아시스 1/2개, 가늘고 긴 대나무(long thin wood pick)
- 재 료: 금잔화(Calendula officinalis), 피망(Capsicum annuum), 고추(Capsicum annuum), 담쟁이덩굴 잎(Parthenocissus), 백당나무(Viburnum) 열매
- 만드는 법
① 먼저 고추나무 하나를 중앙에 심듯이 꽂는다.
② 피망(파프리카도 가능) 3~4개 정도를 오아시스 앞쪽과 가운데, 옆 부분에 위치를 잡아서 꽂아준다.
③ 백당나무를 잎사귀와 열매를 같이 섞어서 고추나무 옆에 조금 낮게 꽂아주고, 나머지는 전체적으로 꽂아준다.
④ 금잔화는 군락(mass)인 느낌으로 앞쪽에 꽂아준다.
⑤ 피망은 대나무 막대기를 이용하여 오아시스에 꽂는다.
⑥ 담쟁이 잎은 군락으로 공간을 메꾸듯 꽂아준다.

※ 주의사항: 전체적으로 풍성한 느낌이 나도록 장식한다.

피망과 고추 부케, Marie de CHAMBORD

피망과 고추 부케, Laurence PEREZ

사진 50번 작품은 비더마이어(biedermeier) 모양으로 소재들을 배치했다.

11) 호가스 선(Hogarth line) 부케

호가스 선이란 S자를 길게 늘여놓은 모양으로, 이 구도를 작품에 많이 사용한 바로크 시대의 영국 화가 윌리엄 호가스(William Hogarth)의 이름을 따서 호가디안 선(Hogarthian curve) 또는 S선이라고 부르기 시작한 것이 현재까지 이어져 내려온 것이다. 여성스러운 선을 대표하는 곡선으로 매우 화려한 꽃 장식에 많이 이용되며, 시선이 어느 한곳에 머물러 있지 않고 물이 흐르는 듯한 느낌을 주는 율동감도 강조된 디자인이다. 꽃 장식을 할 때는 오브제의 길이에 따라 정해선 일정한 길이의 공식에 따라 부케를 디자인한다.

- 준비물: 높이가 30cm 이상 되는 길쭉한 화기 또는 실린더 모양의 화기,
  오아시스, 코팅 철사 #18(U핀)
- 재 료: 엽란(Aspidistra elatior), 튤립(Tulipa),
  금작화(Cytissus praecox), 담아이비(Hedera helix)

* 금작화는 콩과로 양골담초라고도 한다. 사용 전에 원하는 모양을 만들어서 3시간 이상 고정해두면 실전 작품을 만들 때 아주 우아한 선을 연출할 수 있다.

- 만드는 법

① 높이(위쪽 곡선 길이): 오브제 높이의 1/2~1배.

② 밑쪽 곡선 길이: 높이의 2/3~3/4(오아시스 옆쪽 측면에 꽂는다).

③ 2개의 폭(깊이감): 높이의 1/3로 앞쪽은 평행하게 뒤쪽은 약간 세워서 꽂아준다 (약 45° 정도).

④ 2~3개의 부가물(annexe)을 S선에 따라 오아시스 위쪽과 아래쪽에 첨가하여 꽂아준다.

⑤ 포컬 포인트로 3~5개의 아이비를 오아시스 가운데에서 왼쪽 또는 오른쪽에 꽂아준다.

⑥ 포컬 포인트가 있는 곳에서는, 엽란을 짧고 편평하게 접어서 꽂을 수 있고, 동일 소재인 엽란으로 S선의 허리 부분이라고 할 수 있는 이곳의 앞쪽과 뒤쪽에 볼륨감을 주면서 배치해야 한다.

* 높이를 꽂을 때는 오아시스 위에서 약간 뒤쪽으로 꽂아주고 밑쪽의 길이는 많이 늘어뜨려야 하며 뒤쪽의 폭(깊이감)은 약간 세워서 꽂는다(대칭/비대칭 삼각형 부케를 만들 때와 마찬가지로 꽂으면 된다).

* 잎과 꽃을 이용해서 또는 잎만 이용해서 S선을 만들 수도 있는데, 모든 재료는 작품을 만들기 전에 둥글게 잘 구부려 놓아야 쉽게 S선을 만들 수 있다.

호가스 선 부케, 윤효순(Cecilia YOON)

호가스 선 부케, Sylvie PLAYS

사진 52번 작품은 곡선이 있는 화기와 호가스 라인이 아주 잘 어우러진 작품으로 위쪽과 아래로 흐르는 라인은 간결하면서도 한껏 우아한 멋을 강조한다.

12) 여름 바구니

• 준비물: 바구니 1~2개, 오아시스, 랩(wrap), 코팅 철사 #20(U핀)

• 재　료: 거베라(Gerbera jamesonii), 줄고사리(Neprolepis cordifolia),

유칼립투스(Eucalyptus), 용버들(Salix matsudana), 아이비(Hedera helix)

- 만드는 법: 바구니를 다 채우지 않는 게 특징이다.

여름 바구니, 윤효순(Cecilia YOON)

여름 바구니, EFDF

사진 54번 작품은 바구니 2개를 위아래로 연결시켜서 오브제로 이용하였으며, 바구니 안을 다 채워서 장식하지 않는 것 또한 눈여겨볼 만하다. 라운드 형태로 라인을 잡아준 베어그라스(Bear grass)는 바구니 안에서 우아함을 더해준다.

13) 시대 부케: 17~18세기 부케

사실 꽃 작품의 특성상 고전 부케가 아직 실존하여 남아 있는 자료는 없다. 또 이론적으로 플라워 디자인이 정립되지 않은 시기였기 때문에 사료 또한 없다. 사진은 더더욱 존재하지 않았다. 따라서 화가들이 남긴 사진을 바탕으로 고전 부케의 형식이나 디자인을 추측하여 작품을 만들어볼 수밖에 없다. 그때 당시 사용했던 소재들을 살펴보면 잎은 사용하지 않았고 꽃만 사용했는데 아주 풍성한 느낌이 나도록 많은 꽃을 사용했고, 특히 향이 짙은 꽃 위주로 사용했음을 알 수 있다. 예를 들어 영국의 조지안(18~19C) 시대를 살펴보면, 전염병을 예방한다고 향기가 있는 꽃다발을 가슴이나 어깨, 허리, 목, 머리 등에 장식했는데 이런 종류의 꽃 장식을 노즈게이(nosegay)라고 한다. 17~18세기의 꽃 장식들은 루이 14세 시대 프랑스 궁중 문화의 영향을 받으면서 아주 화려해졌다. 그러나 프랑스 왕가를 상징하는 백합꽃을 꽃 장식에 사용하는 것은 실제로는 종교성과 연관이 깊다. 이렇듯 플라워 디자인의 디테일한 요소는 깊은 문화적 배경을 가지고 있음을 알 수 있다. 고전 부케가 은으로 된 오브제를 사용하였다는 것도 특징적이라 할 수 있다.

사진 55번 작품의 준비물, 재료 & 만드는 법

- 준비물: 높이가 약 **20cm** 이상 되는 은색 오브제(또는 컵 모양의 오브제),

  오아시스, 코팅 철사 #18(U핀)
- 재   료: 백합(Lilium longiflorum), 델피니움(Delphinium hybridum),

  작약(Paeonia lactiflora), 튤립(Tulipa), 스톡(Matthiola incana),

  조팝나무(Spiraea prunifolia), 서양 까치밥나무(Ribes sanguineum),

  사과(Malus)

- 만드는 법

① 델피니움으로 높이를 정하는데, 높이의 길이는 오브제의 2.5배 또는 3배 정도로 하는데 너무 높게 꽂지 않도록 주의하고, 밑쪽은 호가스 선 모양으로 약간 흘러내리게 꽂는 것이 고전 부케의 대표적인 특징이다.

② 뒤쪽은 약간 올리면서 꽂는다.

③ 마지막으로 과일을 장식해주는 것도 잊지 말자!

다양한 작품으로 소개한 17~18세기 디자인들을 습득하고 나면, 박물관이나 회화 관련 책을 통해 당시 사진을 보는 눈이 달라진다. 단순히 '화면의 일부를 구성하는 장식'으로서가 아니라 당시 플라워 디자인의 산증인을 바라보는 느낌을 느낄 수 있다. 또한 사진 59번 작품처럼 컨템포러리 부케 작업에도 응용되기 때문에 플라워 디자인은 시대에 뒤떨어졌다거나 유행에 뒤떨어진 디자인이라는 말을 하기 어렵다는 걸 알 수 있다. 중요한 것은 맥을 어떻게 짚어 이를 현대적으로 활용하느냐는 점이다.

(55) 18C 디자인, 윤효순(Cecilia YOON) (56) 17C 디자인, Jaqueline NATAF (57) 18C 디자인, Jaqueline NATAF
(58) 18C 디자인, Jaqueline NATAF (59) 컨템포러리 디자인, Jaqueline NATAF

14) 잎만 사용한 클래식 부케와 모던 부케

- 준비물: 높이가 50~60cm 정도 되는 오브제, 오아시스 1/2개,
  fix oasis & 오아시스 껌, 워터 푸르프 테이프
- 재   료: 엽란(Aspidistra elatior), 드라세나 맛상게아나(Dracaena fragrans Masangeana),
  비로우야자=리비스토나(Livistona chinensis)

* 드라세나 대신 신서란(Phormium tenax)을 사용할 수 있고, 우리나라에서는 구하기 힘든 리비스토나 대신 워싱턴야
  자(Washingtonia filifera)를 사용할 수 있다.

- 만드는 법
① 엽란으로 높이를 꽂는다.
② 드라세나를 엽란 옆에 이어서 같은 느낌으로 꽂아준다.
③ 오아시스를 가리기 위해서 리비스토나를 꽂는데 가위로 뾰족한 끝부분을 다
   듬어서 깔끔한 상태로 사용한다. 이 잎은 이런 형태의 디자인에서는 부케에
   볼륨을 주는 역할을 한다.

(60) 잎만 사용한 모던 부케, 모던 디자인, Marie de CHAMBORD (61) 잎만 사용한 모던 부케, 모던 디자인,
Sylvie PLAYS (62) 잎만 사용한 클래식 부케, 클래식 디자인, Marie de CHAMBORD

윌리엄 호가스 선(S shape)을 변형한 부케로 모던하게 장식하는 것이 이 부케의 특징이다(사진 60). 완성 후에는 잎(green foundation)만으로도 부케를 디자인할 수 있다는 걸 알게 된다.

판다누스(Pandanus)를 이용하여 꺾은선을 아주 잘 활용한 디자인으로 워싱토니아(Washingtonia) 잎의 모양 또한 눈여겨봐야 한다. 잘 다듬어진 큰 잎은 다소 잘못 배치하면 잎 뭉치를 쌓아놓은 듯한 인상을 주기 쉬운데, 여기서는 판다누스 꺾은선과 아주 잘 어우러지게 약간의 구김을 가미하여서 배치해주었다. 전체적인 색상은 단일색 조화를 잘 이루고 있다(사진 61).

전체의 소재를 잎으로만 장식한 디자인으로 꽃 장식만을 활용하여 디자인한 기존의 클래식 디자인과는 차이가 있다. 엄격히 따지면 사진 62번의 디자인은 모던화 클래식(modernize classic) 디자인이라고 해야 한다.

* 잎(leaf)만 사용한 모던디자인과 클래식 디자인의 가장 뚜렷한 구별법은 다음과 같다.
  −모던 디자인: 잎이 크고 표면적이 넓음. 다소 다이나믹한 선을 활용함.
  −클래식 디자인: 잎만 사용할 경우−잎이 작고 표면적이 적음. 잔잔한 잎이 달린 가지를 많이 이용함.

15) 핸드타이드(hand-tied)

흔히 신부가 드는 부케를 지칭하는 말이다. 하지만 요즈음은 선물용, 시상식 증정용 등으로 많이 사용되고 있다.

- 준비물: 라피아(Raphia), 부드러운 장식 철사(soft color wire),
  워터 푸르프 테이프
- 재　　료: 알스트로에메리아(Alstroemeria aurantiaca), 유칼립투스(Eucalyptus cinerea)
  엽란(Aspidistra elatior), 몬스테라(Philodendron 'Monstera')
- 만드는 법
① 알스트로에메리아와 엽란을 번갈아가면서 놓는데, 엽란은 거의 잎을 반으로

접는 듯이 여러 개를 철사로 고정시켜 놓은 후에 중간중간에 넣어준다.

② 거의 완성할 무렵부터 유칼립투스를 길게 넣어준다.

③ 모든 재료는 한쪽 방향으로 돌리면서 놓아야 한다(spiral shape).

④ 끝마무리를 한 후 부드러운 장식 철사로 모양을 내어서 둘러준다.

⑤ 라피아로 묶어준다(유럽 쪽에선 부케를 마무리할 때 이 라피아를 많이 사용하는데 아주 자연스러운 소재로 손 부케에도 잘 어울린다).

손 부케, 윤효순(Cecilia YOON)

손 부케, Sylvie PLAYS

사진 **64**의 작품은 전체적인 모양을 반원(half round) 모양으로 만들었으며 잔잔한 꽃을 이용하여 다소 빈티지한 느낌을 살린 핸드타이드이다. 가장자리를 보통 표면 적이 적은 잎 갈락스(Galax) 또는 루스커스(Ruscus)의 종류로 둘러주는데 여기서는 아 주 조그마한 귤을 이용했다는 점 또한 눈여겨볼 만하다.

16) 해바라기 부케

- 준비물: 오브제, 오아시스 1/2개, fix oasis & 오아시스 껌,
  워터 푸르프 테이프

- 재 료: 해바라기(Helianthus annuus), 판다누스(Pandanus)
  루카덴드론(Leucadendron), 안수리움(Anthurium) 잎, 엽란(Aspidistra elatior)

• 만드는 법: 대칭 평행 수평형으로 만든 부케이다. 엽란→안수리움 잎→파다
누스→루카덴드론→해바라기 순서로 꽂아준다.

해바라기, EFDF

사진 66번 작품은 기둥모양의 투명화기 안에 단조로움을 피하기 위해서 컬러물감을 사용했는데 이것은 작품 내에서 용기에 훨씬 안정감을 더해준다. 입구가 넓은 화기는 오아시스를 사용하지 않을 경우 소재를 고정시키는 것이 가장 큰 관건으로, 여기서는 말린 보리를 접착제(glue method)를 이용하여 입구를 장식해줌으로써 소재의 고정과 동시에 디자인적인 가치를 높인 작품이라 하겠다. 말린 보리와 자연 소재의 보리를 한 작품에 동시에 사용한 것도 인상 깊은 표현이다.

17) 줄맨드라미 부케

- 준비물: 투명 오브제, 미니 벽걸이 오아시스, 글루건
- 재　　료: 줄맨드라미(Amaranthus) – 붉은색, 녹색,

　　　　장미(Rosa spp.), 시베리아 바위취(Bergenia cordifolia)

a. 투명용기를 이용한 줄맨드라미 디자인

- 만드는 법: 투명용기 입구 쪽에 미니 벽걸이 오아시스를 글루건으로 고정한다.
이때 n자 모양의 작은 고리가 있으면 오브제에 오아시스를 걸치는
데 편리하다. 투명화기를 사용했을 때의 단점은 용기의 사용 여부를
정확하게 파악하기 힘들다는 점인데 여기서는 투명용기 안쪽의 아
랫부분도 같이 장식해줌으로써 투명용기의 활용을 더욱 돋보이게
하는 작품이다.

투명용기를 이용한 줄맨드라미 디자인, Sylvie PLAYS

b. 철재 오브제를 이용한 줄맨드라미 디자인

　다소 높이가 있는 철재 오브제를 사용하였고, 윗부분은 풍성하게 장식하고 아랫부분은 맨드라미를 이용하여 떨어뜨려줌으로, 자칫 한곳으로 몰리면서 답답해 보일 수 있는 시선을 위, 아래로 분산시켜준다. 플라워 디자인을 할 때 가장 중요한 것은 시각적인 균형(visual balance)이 좋아야 한다는 것인데, 위의 작품에서는 위쪽으로 꽂아준 코르딜리네(Cordyline)와 아래쪽으로 떨어뜨린 맨드라미가 자연스럽게 연결됨으로써 균형을 잘 유지해주고 있다.

철재 오브제를 이용한 줄맨드라미 디자인, Marie de CHAMBORD

18) 아연(zinc) 오브제와 부케

- 준비물: 길쭉한 zinc 오브제 2개(대, 소), 오아시스, 대나무 막대기(wood pick)
- 재　료: 글로리오사 로스차일드(Gloriosa rothschildiana), 리비스토나(Livistona chinensis),
　백당나무(Viburnum) 열매, 탱자나무(Poncirus, Trifoliate orange)
- 만드는 법
① zinc 오브제를 2개를 사용하는데, 큰 것 위에 작은 것을 올리고 그 속을 오아
　시스로 채운다.
② 위에 세운 작은 오브제부터 리비스토나를 꽂는데 밑에 놓인 큰 오브제에도
　자연스럽게 밑으로 떨어지듯 연결시키면서 꽂아준다.
③ 글로리오사와 다른 재료도 마찬가지 방법으로 하되, 탱자 열매는 오아시스 위
　에 바짝 포컬 포인트처럼 꽂아준다.

69

양철 오브제와 부케, EFDF

70

장미를 이용한 부케, EFDF

장미의 배치가 특이한데 정사각형 zinc 오브제의 대각선상에 동일한 높이로 평
행하게 배치하였고, 아래쪽에는 반대 방향의 대각선으로 장미를 배치해서 작품의
고도에 변화를 주었다(사진 70).

19) 원기둥 주위의 장식

• 준비물: 토기 소재의 발이 달린 화기, 오아시스 1개,

　　　　fix oasis & 오아시스 껌, 코팅 철사(U핀)

• 재　　료: 드라세나 맛상게아나(Dracaena fragrans),

　　　　속새(Equisetum hyemale), 해바라기(Helianthus annuus)

• 만드는 법

① 먼저 오아시스 전체 1개를 실린더(원기둥) 느낌과 비슷하게 칼로 다듬는다(너무

　　가늘게 다듬지 않도록 한다).

② 오아시스는 손으로 좀 더 깔끔하게 다듬은 후, 속새로 그 주위를 장식하고 녹

　　색 고무줄을 이용해서 고정한 다음, U핀으로 꽂아서 고정시킨다.

③ 속새의 길이는 오아시스 높이보다 훨씬 높게 높이를 잡는데 이건 실린더 느

　　낌을 더욱 살리기 위한 것이다.

④ 드라세나를 밑에서부터 장식하기 시작하는데 잎끝의 뾰족한 부분은 비스듬

　　히 자른다. 모든 소재를 자를 때는 반듯하게 직각이 되게 자르지 않고, 대부분

　　이 비스듬히 잘라주는데, 이런 방식은 현대 부케의 모든 형태에 적용되지만,

　　특히 수평 평행형 부케를 만들 때 반드시 지켜야 하는 기법이다.

⑤ 해바라기를 밑쪽과 위쪽에 전체 작품과 잘 어울리도록 장식한다.

전체적으로 바이올렛 계열의 색상을 사용하였고, 투명화기 윗부분에 장식한 볼
(ball)들은 크리스마스 분위기를 연상시킨다. 난(Orchid) 종류와 틸란디시아를 갈란드
(garland)로 만들어서 위에서 아래로 물이 흐르듯 연결된 라인(line)을 구성하였는데,
덕분에 작품이 훨씬 세련돼 보인다(사진 72).

원기둥 주위의 장식, Marie de CHAMBORD   원기둥 주위의 장식, Sylvie PLAYS

20) 아스터(Aster) 부케

- 준비물: 클래식 오브제 또는 발의 길이가 긴 철재 오브제,

  오아시스 1/2개, 녹색 철사 20번, fix oasis & 오아시스 껌,

  코팅 철사(U핀)

- 재   료: 아스터(Aster) – 흰색, 연보라색,

  금작화(Cytissus praecox), 국화(Dendranthema grandiflorum)

- 만드는 법

① 꽃이 없는 금작화 줄기를 실습에 들어가기 전에 둥글게 말아서 잘 구부려놓는다.

② 금작화는 오브제의 밑 부분(발 부분)에서부터 장식한다. 즉, 맨 밑바닥부터 금작화를 장식하기 시작해, 원하는 디자인을 만들면서 오아시스의 위쪽까지 장식한다.

③ 그 외 다른 소재들도 금작화 주위에 꽂아준다.

* 여러 형태로 디자인할 수 있으며, 특히 창작 작품 구상에 도움이 된다.

73 아스터 부케, 윤효순(Cecilia YOON)

74 아스터 부케, Sylvie PLAYS

아스플레니움(Asplenium)과 잘 어울리는 아스터(Aster) 부케로 곡선미가 두드러진 화기와 작품의 구성이 잘 어우러진 디자인이다. 특히 아스플레니움으로 작품의 볼륨(volume)과 라인(line)을 동시에 연출하였고, 비대칭 초승달형(asymmetric crescent)으로 배치했다(사진 74).

21) 과수원의 부케

- 준비물: 클래식 오브제 또는 발의 길이가 긴 철재 오브제,
  오아시스 1/2개, fix oasis & 오아시스 껌,
  워터 푸르프 테이프, 그물 철사
- 재 료: 송악(Hedera rhombea), 해바라기(Helianthus annuus),
  사과(Malus) – 붉은색, 파란색
- 만드는 법
① 오아시스를 오브제에 고정한 다음, 그물 철사를 오아시스에 단단히 고정한다.
② 사과를 엮은 후 프레이밍 기법(framing method)을 활용하여 그물과 오아시스, 양쪽 모두에 고정시키면서 밑으로 늘어뜨린다.

(75) 과수원의 부케, Marie de CHAMBORD (76, 77) 과수원의 부케, Sylvie PLAYS

③ 송악은 사과와 같은 흐름으로 몇 가닥 장식하고, 오아시스 위쪽 부분에 다시 장식해준다.

④ 해바라기는 오아시스의 측면에 7~9송이를 장식한다.

짚(straw)으로 만든 리스(wreath)를 이용하되 리스를 다 채우지 않고 2/3 정도만 장식했으며, 주 소재는 송악(Hedera rhombea)과 작은 귤들이다. 두 소재 모두 그룹핑 기법(grouping method)으로 장식하였고, 자연스러운 멋을 강조한 과수원의 부케라 할 수 있다(사진 76).

계단식 기법(terracing method)을 활용한 대표적인 디자인으로 색상은 yellow&green을 사용하였으며 전체적인 모양은 콘(cone) 모양 또는 피라미드를 연상시킨다(사진 77).

22) 가을 부케

- 준비물: 검은색 또는 붉은색의 도자기 오브제,

  오아시스 1개, 코팅 철사 U핀, 두꺼운 U핀 모양의 철사 (흔히 Clou라고 부름)

- 재　　료: 참나무(Quercus) 잎, 밤나무(Castanea) 열매,

  루드베키아(Rudbeckia hirta), 국화(Dendranthema grandiflora)

- 만드는 법

① 오아시스 1개를 오브제에 고정시킨 후 그 위에 장식한다.

② 특히 밤은 단단해서 오아시스에 꽂기 어려우므로 약간 두께가 있는 못(12번 철
　사, Clou)을 사용하면 좀 더 쉽게 장식할 수 있다.

가을 부케, EFDF

그물 철사와 이끼를 이용하여 만든 가을 부케, EFDF

23) 풍성한 뿔(코누코피아, cornucopia) 부케 속의 장식

- 준비물: 클래식 오브제, 그물 철사, 가는 철사 #20

- 재　　료: 코스모스(Cosmos bipinnatus), 아스터(Aster, 공작초),

이끼(Moss), 아이비(Hedera helix)

• 만드는 법

① 앞부분에 설명해놓은 피라미드 오브제 만드는 법을 참조하여 그물 철사로 코누코피아 모양을 만든다.

② 그물을 펼친 후에 이끼를 고루 펴고 다시 그 위로 그물을 겹쳐준다.

③ 만든 코누코피아는 클래식 오브제에 고정시키고, 코스모스나 아이비 등은 코누코피아 안쪽으로, 이끼에 비껴 끼우듯이 꽂는다.

* 이 형태의 오브제는 유럽에서 이미 고대부터 꽃 장식에 사용되어온 것으로, 풍요의 뿔을 상징하는 것에서부터 부케의 명칭이 유래되었다. 풍요의 뿔(코누코피아)이란 어린 제우스에게 젖을 먹였다고 전해지는 염소의 뿔을 의미한다. 또 다른 전설에 따르면 헤라클레스가 황소로 변한 강의 신 아켈로스와 싸움을 벌이면서 부러뜨린 뿔이 풍요의 뿔로 변했다고도 한다. 과일, 곡식, 꽃이 가득 담겨 있는 풍요로움을 상징한다.

※ 주의사항
- 완성된 코누코피아는 물속에 담가두었다가 이끼가 물을 흠뻑 흡수할 수 있도록 한 후 물기를 손으로 꾹 짠 다음 사용한다.
- 코누코피아 안쪽에 오아시스를 따로 넣지 않고, 이끼 위에 비슷하게 꽃들을 끼우듯이 꽂아준다.
- 작품을 완성한 후에도 이끼가 마르지 않도록 분무해줘야 한다.
- 이런 종류의 콘(cone) 모양의 장식은 대부분 안쪽에 오아시스를 사용하지 않기 때문에 분무는 작품의 신선도를 유지하기 위해서 필수적이다.

풍성한 뿔 부케 속의 장식. Sylvie PLAYS(좌), Marie de CHAMBORD(우)

24) 미식가를 위한 부케

- 준비물: 플라스틱 빨대(plastic straw), 과자(비스킷 종류),

   오아시스 1/2개, 글루건 또는 오아시스 껌

- 재　　료: 복분자(Rubus) 열매, 아네모네(Anemone coronaria),

   아스클레피아스(Asclepias curassavica)

- 만드는 법

① 오브제 속에 오아시스를 채운다.

② 플라스틱 빨대(plastic straw)로 오브제 주위를 두른다.

③ 오아시스 위에 꽃 장식을 한다.

④ 빨대로 가려지지 않는 오브제의 윗부분은, 과자로 붙여준다(U핀 또는 글루건 이용).

⑤ 그 옆 공간은 붉은색 복분자로 채워준다.

(81) 미식가를 위한 부케, EFDF　(82) 미식가를 위한 부케, Marie de CHAMBORD　(83) 미식가를 위한 부케, 'LE GOUT' Paris 박람회 작품

마치 케이크를 연상시키는 디자인으로 맨 위 칸은 실제 베리(berry)류를 사용하였다. 이 디자인의 주제에 걸맞게 미식가를 위한 부케에는 대부분 실제 신선한 과일이나 베리류, 레몬, 스넥까지도 활용된다(사진 82).

Paris에서 개최된 박람회 작품인 'LE GOUT'(미각). 미각을 돋우는 부케로 칵테일 잔 모양의 화기와 과일과 꽃들의 초승달형(crescent shape) 구성이 아주 잘 어울린 디자인이다. 위에 꽂은 플라스틱 스트로로 작품의 높이를 가미했다. 지금이라도 당장 주스를 마시고 싶은 느낌이 드는 미식가를 위한 디자인이다(사진 83).

25) 솔방울과 장미 부케

- 준비물: 도자기 오브제, 오아시스 1/2개,
  공 모양의 오아시스 1개, fix oasis & 오아시스 껌,
  글루건, 밤색 철사(#24, #26, #28) 모두 가능,
  플로랄 테이프(밤색), 대나무 꼬챙이(wood pick)
- 재   료: 장미(Rosa), 소나무(Pinus), 솔방울, 금사매(Hypericum, 갈퀴망종화)
- 만드는 법
① 먼저 물에 적시지 않는 오아시스를 공 모양으로 만든다.
② 그 위에 글루건을 이용하여 솔방울을 붙이고, 소나무와 장미를 오아시스 밑쪽으로 떨어지는 느낌으로 꽂아준다.
③ 솔방울은 밤색 철사로 둘러서 고정한 다음, 대나무 꼬챙이를 대고 밤색 플로랄 테이프로 감아준 다음 오아시스에 꽂는다.

솔방울과 장미, 윤효순(Cecilia YOON)

솔방울과 장미, 바나나 잎, EFDF

26) 수피(bark)와 포인세티아 부케

- 준비물: 클래식 오브제 또는 높이가 다소 높은 철로 된 오브제,

    철사(#24), 오아시스 1/2개, fix oasis & 오아시스 껌,

    워터 프루프 테이프

- 재   료: 포인세티아(Euphorbia pulcherrima),

    엽란(Aspidistra elatior), 나무껍질(bark), 이끼(moss)

- 만드는 법

① 나무껍질을 오브제에 고정시키는데, 밑에서부터 장식해서 위로 올라간다.

② 포인세티아는 플라스틱 화분(pot)을 그대로 사용할 수도 있고, 포인세티아를
   화분에서 뿌리째 꺼내서 이끼로 감싸는 방법도 있다.

③ 오아시스는 U핀을 이용해서 이끼로 잘 가려준다.

86

수피와 포인세티아, 윤효순(Cecilia YOON)

87

수피와 포인세티아, Sylvie PLAYS

흰색 수피(bark)를 이용하여 디자인한 작품으로 화기를 둘러싼 부분의 단일색 조
화(monochromatic harmony)가 잘 이뤄진 작품이다(사진 87).

27) 꽃과 초의 어울림(Christmas concept) 부케

- 준비물: 거친 소재(rough texture)로 된 폭이 좁은 둥근형 화기,

  오아시스 1/4개, 초(candle) 2~3개,

  가는 철사 (#24, #26, #28, #30) 모두 가능

- 재   료: 컬러(Zantedeschia aethiopica), 리비스토나(Livistona),

  바나나(Musa), 금감(Fortunella, 금귤),

  금사매(Hypericum, 갈퀴망종화), 파인애플(Ananas comosus)

- 만드는 법

① 바나나는 금색 스프레이를 이용하여 신선도를 좀 더 오래 유지시킨다.

② 금귤은 금사매와 같이 철사로 엮어서 포도송이처럼 만든다.

③ 모든 소재는 그룹핑 기법(grouping method)으로 배치한다.

④ 리비스토나(르비스토니아)를 이용하여 작품 전체에 볼륨감을 더해준다.

(88) 꽃과 초의 어우러짐, Jaqueline NATAF   (89) 꽃과 초의 어우러짐, Laurence PEREZ   (90) 꽃과 초의 어우러짐, Monique THLLIEZ

오른쪽과 왼쪽으로 나누어서(divide into two sections) 각각 다른 소재와 색상을 사용하였고, 양쪽 면이 분리되어 보이기 쉬운 점을 보완하기 위해서 나뭇가지(thick twig)를 이용하여 잘 연결시켜줌으로써 시각적인 균형(visual balance)을 더해주었다(사진 89).

초(candle)를 중심축으로 해서 양쪽을 대칭으로 가볍게 장식하였고 크리스마스 장식으로 잘 어울리는 작품이다(사진 90).

28) 벽장식 부케

a. 벽장식 부케 1

- 준비물: 벽걸이용 오아시스, 철사(#26, #24, #20)
- 재　　료: 튤립(Tulipa), 엽란(Aspidistra elatior), 크로톤(Codiaeum variegatum), 부풀레룸(Bupleurum), 드라세나 맛상게아나(Dracaena fragrans)
- 만드는 법
① 벽에 오아시스를 고정한다.
② 엽란과 드라세나 순서로 꽂아준다.

※ 주의사항: 장식을 할 때 물이 흘러내리므로 반드시 마른 타월 등을 바닥에 깔고 나서 시작한다.

b. 벽장식 부케 2

- 준비물, 재료는 'a. 벽장식 부케 1'과 동일
- 만드는 법
① 그물 철사(wire)를 이용해서 사각형 오브제를 만든 다음, 그 속에 이끼(moss)를 채워 넣어준다.
② 엽란과 드라세나 순서로 꽂아준다.
　- 이끼는 플로랄 오아시스를 대신해줄 수 있다.
　- 이끼는 그물 철사로 틀(frame)을 만들기 전에 스프레이(watering)를 해놓는 것이 더

편리하다.

- 틀 위에 꽃과 기타 소재를 이용해서 장식한다.

- 하루에 한 번 정도 스프레이를 해주면 좀 더 오랫동안 신선한 작품을 즐길 수
  있다.

(91) 벽장식 부케 1, Jaqueline NATAF
(92) 벽장식 부케 2, Marie de CHAMBORD

29) 컬러 오아시스와 꽃 부케: 투명화기를 이용한 컬러 오아시스 디자인

- 준비물: 투명한 둥근 유리화기, 컬러 오아시스(color oasis)
- 재　　료: 양란 심비디움(Cybidium), 부들(Typha)
- 만드는 법
① 컬러 오아시스를 투명 유리화기 안에 넣는다.
② 컬러 오아시스 자체가 꽃 장식의 소재가 될 수 있기 때문에 많은 꽃을 사용하
　지 않고 오아시스를 직접 보이게 하는 것이 특징이다.

사진 94번은 컬러 오아시스와 소재 사이에서 유사색의 조화를 잘 이끌어낸 작품
이다.

사진 95번 작품은 코르딜리네(Cordyline)로 유동적인 흐름(fluid movement)을 잘 표현해
줌으로써 자칫 딱딱하고 무거워 보일 수 있는 디자인에 우아함을 더해주었다.

(93) 투명화기를 이용한 컬러 오아시스 디자인, Sylvie PLAYS
(94) 컬러 오아시스와 꽃, EFDF
(95) 컬러 오아시스와 꽃, Sylvie PLAYS

30) 채소(vegetal) 오브제 부케

- 준비물: 오아시스, 철사로 만든 미니 사각 기둥, 칼
- 재　　료: 피망(Capsicum annuum), 가지(Solanum),

  수국(Hydrangea), 국화(Dendranthema grandiflora),

  리비스토나(Livistona), 녹영(Senecio)

- 만드는 법

① 피망은 속을 다 파내고 가지는 조금만 드러낸다.

② 그 속에 소량의 오아시스를 넣고 그 위에 꽃 장식을 한다.

식물 오브제 부케, EFDF

　　3개의 원기둥 모양의 화기를 속새, 드라세나, 엽란으로 양면테이프를 이용하여 각각 랩핑(wrapping)하였다. 이런 종류의 장식은 웨딩 장식(wedding ceremony) 테이블에 자주 이용되는 디자인으로 화기는 운반이 쉽고 깨질 염려가 없는 플라스틱 화기를 사용하면 좋다. 그리고 플라스틱 용기는 가벼워서 쉽게 넘어질 염려가 있으므로 안에 물을 채워주거나 작은 돌 몇 개를 물과 함께 넣어서 사용한다(사진 97).

31) 동색 계열의 부케

- 준비물: 입구가 넓은 보라색 오브제, 오아시스,

    fix oasis & 오아시스 껌

- 재　료: 아네모네(Anemone coronaria),

    숙근 스타티스(Limonium hybridum, 미스티블루),

    물망초(Myosotis scorpioides), 무스카리(Muscari arameniacum)

- 만드는 법

① 전체적으로 보라색 계열의 꽃을 사용한다.

② 한쪽은 짙은 보라 다른 한쪽은 옅은 보라로 장식한다.

　* 화기의 색상과 소재의 색상을 같은 계열로 사용한다.

동색 계열의 부케. Sylvie PLAYS

동색 계열의 부케. Monique GAUTIER

　　드라세나(Dracaena) 소재 사용의 간결함을 눈여겨봐야 하는데 적은 양의 소재로도
한껏 우아함을 표현해낼 수 있는 고난이도의 작품이라 할 수 있다(사진 99).

32) 현대 부케 완성

- 준비물: 높이가 있는 투명 오브제, 오아시스,

  fix oasis & 오아시스 껌, 워터 푸르프 테이프

- 재　　료: 바나나(Musa) – 말린 바나나 잎,

  알케밀라(Alchemilla mollis), 과꽃(Callistephus chinensis)

- 만드는 법

① 투명 오브제 속에 바나나 잎 말린 것을 입구까지 쭉 올린다.

② 과꽃과 알쉐밀라로 오아시스 주위를 풍성한 느낌이 나도록 꽂아준다.

③ 바나나 잎 말린 것을 오아시스 뒤쪽으로 꽂아주는데, 이때 오브제와 연결되어

　서 원뿔 모양이 이뤄지게 꽂는다.

* 알케밀라 대신, 부플레룸, 까치밥나무 종류(Ribes sanguineum) 등을 사용할 수 있다.

(100) 현대 부케 완성, Audrey　(101) 현대 부케 완성(앞), EFDF　(102) 현대 부케 완성(뒤), EFDF

사진 100번 작품의 형태는 라운드＋수직형이다.

사진 101, 102번 작품은 그야말로 현대 부케의 완성작이라고 할 수 있다. 판다누스(Pandanus), 코르딜리네(Cordyline), 루카덴드론(Leucadendron)의 유사 색상을 조화롭게 사용하고, 판다누스는 각이 진 화기의 특성을 잘 살려 같은 느낌으로 꺾은선을 구성했으며, 소재를 서로 다른 높이로 배치해 시각적인 조화를 잘 이루어냈다. 또한 작품의 한쪽 면은 판다누스의 꺾은선을 활용하지 않은 것에 주목하면서 볼 필요가 있다. 마지막으로 한 방향은 공간의 미를 덧붙이면서 가벼운 느낌의 라인(line)을 코르딜리네와 함께 표현하였다.

이로써 프랑스 플라워 디자인의 기초부터 심화 과정까지의 작품들을 살펴보았습니다. 그동안 프랑스에서 배웠던 플라워 디자인을 바탕으로 한국에서는 대학교 및 여러 기관에서 학생들을 가르쳤고, 중국과 싱가포르에서 프랑스 플라워 디자인을 가르치면서 느꼈던, 또 배우는 입장에서 궁금했을 법한 내용을 다뤄보았습니다.

플라워 디자인의 기초가 되는 꽃 시장부터 플라워 숍까지 소개하였고, 프랑스에서 열렸던 콩쿠르 및 다수의 서적에 실린 작품들을 연구하면서 무엇보다 프랑스 플라워 디자인에 좀 더 쉽고 심도 있게 접근할 수 있도록 노력하였습니다.

2004년에 집필을 시작하여 2016년 8월이 다 되어서야 원고를 완성할 수 있었는데, 아주 긴 세월 동안의 결실인 이 책이 플라워 디자인에 관심이 있는 학생들에게 또는 기존에 플로리스트로 활동하고 있는 분들에게, 더 나아가 앞으로 플라워 디자인을 배우고자 하는 일반 분들에게 미약하나마 도움이 되기를 바라는 마음으로 이 책을 마무리합니다.

플라워 디자인을 처음 접할 수 있게 해주시고, 많은 지침서를 통하여 이론적인 부분과 실기적인 부분을 겸하여 전문가가 되라고 말씀해주신 김현권 교수님께 먼저 진심으로 감사의 말씀을 전합니다.

특히 이 책을 집필할 수 있도록 플라워 디자인의 맛과 아름다움을 가르쳐주시고 6년간 묵묵히 제 뒤에서 채찍질과 응원으로 지켜봐주신 프랑스 플라워 데커레이션

학교(EFDF)의 모니크 고티에(Monique Gautier) 교장선생님을 비롯하여 쟈클린 나타프(Jacqueline NATAF) 교감선생님, 튈리에(Monique THULLIEZ) 선생님, 마리(Marie de CHAMBORD) 선생님, 실비(Sylvie PLAYS) 선생님, 로헝스(Laurence PEREZ) 선생님, 시케꼬(Shigeko DOUIEB) 선생님, 미셸(Michèle KISSEL) 선생님과 이자벨(Isabelle) 등 모든 선생님들께 감사하는 마음을 전합니다.

끝으로 항상 곁에서 염려해주시고 끊임없는 성원을 보내주신 가족 모두에게 진심으로 감사드립니다.

프랑스 플라워 디자인의 분류 총정리

프랑스 플라워 디자인의 분류

프랑스 플라워 디자인의 분류에 대해서는 이미 앞 페이지에서 여러 차례에 걸쳐 소개한 바 있다. 하지만 핵심이 되는 내용이며 또 프랑스 플라워 디자인을 이해하기 위해 중요한 내용이기 때문에 다시 한번 총정리해두고자 한다.

유럽 꽃 장식의 특징

유럽 꽃 장식의 특징은 작품성을 가진 일상 속의 부케이면서도 편안하고 친숙한 장식을 가진 부케이다. 그리고 일본 꽃 장식의 특징인 이론이나 정신을 중요시하기보다는, 좀 더 분위기와 행사에 어울리는 부케인 동시에 일상 속에서 늘 함께하는 자연스러움을 강조한- (자연 속의 정원). 유럽 쪽의 꽃 장식에서는 고전 부케(Bouquets anciens)를 빠뜨릴 수 없는데, 그 이유는 약 17~18세기에 꽃 장식이 시작된 것으로 추정하고 있기 때문이다. 그 당시의 꽃 장식을 보여주는 현존 자료로는 화가들이 그린 사진뿐이다.

16세기부터 피라미드 모양의 부케가 생겨났는데 그때 당시엔 오아시스가 없었기 때문에 진흙 같은 것으로 빚어서 오아시스를 만들어 그 속에 꽃을 꽂았다. 항상 진흙 덩어리가 마르지 않게 물을 주어가면서……. 1967년부터는 오아시스를 사용하기 시작했는데 그것이 지금까지 우리가 꽃 장식에 가장 많이 사용하고 있는 오아시스이다. 그리고 처음 만들어진 꽃다발을 화관이라고 부르는데 이는 그리스, 로마 시대 때부터 사용해왔다. 그 시대엔 집안에서 오물들을 바깥에 그냥 버렸는데 그 악취가 이루 말할 수 없었으므로, 장미 꽃잎이나 향나무를 뿌려서 오물과 함께 거둬냈다. 중세 시대(15C) 땐 들꽃이나 화관을 길거리에서 만들어서 팔기도 했다. 이런 전통은 유럽 쪽에서 시작되었는데 이는 유럽의 기후로 인해 자주 내리는 비 때문에 토양의 습기가 많아서 꽃이 많이 피기 때문이었다. 그 당시 아시아 지역에서는 여름에 집중적으로 내리는 호우 외에는 비가 자주 내리지 않아 이런 전통은 없었다. 현대에 들어서는 거의 모든 절화류나 절지, 절엽을 플라워 장식을 목적으로 재배하거나 수입하지만 특히 옛날에는 유럽도 마찬가지로 수도가 없어서 물은 동물을 먹이는 데에 많이 사용되었기 때문에 꽃을 가꾸는 데는 사용할 수 없었다. 그래서 자연적인 기후에만 의존할 수밖에 없었던 것이다.

　고전 부케 후엔 클래식 부케(Bouquets classiques)가 등장하고 점차 식물성 부케(Bouquets vegetatifs), 현대 부케(Bouquets modernes), 현대 유행 부케(Bouquets contemporains), 추상 부케(Bouquets abstraits, 예: 장미 꽃잎을 다 떼어내고 꽂는 꽃 장식) 등이 생겨났다. 클래식 부케는 대칭과 비대칭 삼각형, 부케 L자형, 라운드 부케(Bouquet rond), 사각 테이블 부케 등으로 몇 가지 규칙(rule), 즉 형식이 있어서 거기에 맞춰서 부케를 만드는 스타일이다. 현대 부케는 그 기본 틀을 응용한 수직형 부케, 수직형 변형 부케, 대칭과 비대칭 평행형 부케, 사선형 부케, 초승달형 부케, 반원형 부케, S자형 부케 등으로 나뉜다.

플라워 디자인의 분류

플라워 디자인(꽃 장식)이라 함은 스케치를 한 후 오브제(objet)를 선택해서 작품을 만드는 것인데, 말 그대로 꽃을 빈 공간과 빈 용기를 이용해 장소와 용도에 맞게 멋있고 우아하게 디자인하는 것을 말한다. 플라워 디자인이라는 용어가 생기기 전의 꽃꽂이란 용어와는 사뭇 다른 현대적인 냄새가 풍기고 세련된 느낌이다. 꽃 장식에 관한 정보는 19세기까지는 거의 존재하지 않았다.

　유럽의 꽃 장식 역사를 거슬러 올라가보면 다양한 부케의 형태가 있다. 그 전체를 여기서 다루기에는 너무 광범위하므로, 20세기 초에 프랑스 꽃 장식에서 정립된 다섯 가지 분류에 초점을 맞추고자 한다. 실제로 꽃 장식 역사가 가장 발전한 시기도 20세기 초반부터라고 할 수 있으며, 이 시대 이후의 플라워 디자인에 관한 자료는 폭넓게 찾아볼 수 있다.

다음의 다섯 가지 분류는 프랑스 꽃 학교(EFDF, Ecole Française de Décoration Florale)에서 교육했고 실습했던 플라워 디자인의 대표적인 분류이다. 여기서 사용된 용어들을 대부분 불어 그대로 표기한 이유는 본 서적이 유럽, 특히 프랑스 플라워 디자인을 다루고 있어, 프랑스적 감각을 익히는 데 도움이 될 거라 여겼기 때문이다.

a. 클래식 부케(Bouquets classiques)

클래식 부케의 기초는 피아니스트들에겐 음계와 같고 가수들에겐 발성 연습 그 자체이다. 이처럼 꽃 예술의 규칙을 이해하기 위한 가장 기본에 해당하는 클래식 부케는 식물성 재료의 선택과 색깔의 조화, 또 자연스러움을 강조하는 데에서 그 형태가 정해졌다. 이것을 가장 이해하기 쉬운 예는 앞서 언급했듯이 나무를 상상해보는 것이다. 나무의 모습처럼 기부에서 올라와 공간을 장식하는 클래식 부케의 형상은 자연의 모습을 대표한다고 할 수 있다. 특히 삼각형 구조가 클래식 부케의 가장 대표적인 디자인이다.

- 삼각형 구조: 높이는 항상 뒤쪽으로 약간 기울여서 꽂아야 한다. 반대로 부가되는 선(relief or annexe)은 앞으로 기울이면서 내려야 하고, 점점 짧은 길이로 기부까지 꽂아야 한다.

b. 식물성 부케(Bouquets vegetatifs)

이 부케의 재료는 항상 깔끔한 자연 소재여야 한다. 정원에 있는 느낌이나 시골 풍경의 느낌을 가장 잘 나타나게 꽃 장식을 하려면, 잔잔한 잎들이 붙은 나뭇가지(brunch)를 이용하는데, 클래식한 분위기를 가장 잘 연출할 수 있어서 자주 사용된다.

이때 소재는 여러 가지 색의 잎들은 피해야 한다. 그리고 꽃과 잎을 같이 쓸 경우, 꽃을 너무 빽빽하게 꽂지 않도록 주의한다.

c. 현대 부케(Bouquets modernes)

부케의 형태는 20세기 초부터 아주 다양하게 발전되어 왔는데, 여기서 현대 부케란 20세기 초의 부케를 뜻한다. 표면적이 넓은 잎을 부케에 많이 사용하면서 어떠한 규칙을 갖기 시작한 것으로 모니크 고티에(Monique Gautier)가 창조한 부케이기도 하다. 또한 클래식 부케와 반대되는 개념으로, 클래식 부케가 규칙을 갖는 자연스러움을 강조한다면 현대 부케는 자연스러움 속에서 규칙이 존재하긴 하지만 크게 그 규칙에 얽매이지 않는 부케이다. 이 형식은 전체적으로 깔끔한 구조를 가진 동시에 형태가 다이내믹(dynamic)하다.

d. 현대 유행 부케(Bouquets contemporains)

현대 부케가 20세기 초반에 생겨난 부케를 가리키지만, 현대 유행 부케는 현재 유행하고 있는 부케를 말한다. 현대 부케 내에서도 20세기 초반과 후반의 부케 모양이 다르듯, 현대 유행 부케는 지금, 우리가 살고 있는 동시대에 유행하는 부케이다. 이 형식은 현대 부케와 함께 예술성이 많이 강조되는 작품이라, 개인의 창조성을 가장 잘 표현할 수 있다.

e. 추상 부케(Bouquets abstraits)

추상 부케를 아주 간단하게 예를 들어 설명하면 다음과 같다. 장미의 잎을 다 떼어내고 꽃 장식에 사용하거나, 해바라기나 거베라 같은 꽃도 마찬가지로 심장 부분만 사용하는 것 등이다. 이런 형태로 장식하는 것을 추상 부케라고 한다.

위 분류는 프랑스 플라워 디자인 학교의 교장을 역임한 모니크 고티에가 쓴 *Le livre du bouquet*(Rustica, 1996)에 나온 분류법을 따랐다.

플라워 디자인의 역사

　오랜 역사를 가진 플라워 디자인을 겨우 몇 페이지 내에 모두 담는다는 것은 불가능하다. 하지만 앞에서 살펴본 프랑스 플라워 디자인의 분류 방식은 플라워 디자인의 역사라는 배경을 알고 있을 때 좀 더 쉽게 이해할 수 있다. 그러므로 역사적 관점에서 플라워 디자인을 간단히 살펴보자.

고대 부케의 예, 식물과 그 상징(Les Plants et leurs symboles), 안느 뒤마스(Anne DUMAS)

고대 플라워 디자인은 고대 이집트, 그리스, 로마 시대를 걸쳐 형성된 플라워 디자인을 지칭한다. 화려하게 장식된 화기 위에 집 주변이나 정원에서 꺾은 꽃을 한 아름 올려놓고 주변을 갈란드로 장식하는 수준의 디자인이다. 자연을 그대로 옮겨놓은 풍성한 꽃 뭉치를 형성하는 데에 주력했으며, 따라서 디자인적인 측면에서 규칙성과 장식성을 갖는 클래식 플라워 디자인과 확실히 구별된다.

이런 경향은 문화·예술 분야의 명확한 사조가 형성되는 17~18세기까지 별다른 변화 없이 이어진다. 이후 고전주의의 발생은 플라워 디자인에도 일대 격변을 일으키게 된다.

고전주의(古典主義)는 앞서 설명한 대로 고대 그리스, 로마 시대의 예술을 바탕으로 17~18세기에 유럽에서 발달된 문화의 흐름이며 형식미(形式美)를 중시하였다. 특히 17세기 초 프랑스의 리슐리외 추기경이 설치한 학술원(Académie Française)이 중심이 되어 고전 문학이 크게 발달하게 되면서 고전주의는 문화 사조로 완전히 자리 잡게 되고, 이후 유럽 각지로 퍼져 나갔다.

고전주의가 적용된 미술은 다양성이 허용되긴 하지만, 엄격한 형식을 준수해야 하며, 무엇보다 보편적으로 인지 가능한 미적 절대성을 추구해야 한다. 다시 말해서 작품 내에서 균형감 있는 구도와 구조를 중요하게 다루었다. 질서와 균형 속에서의 조화는 바로 합리성을 우선적인 덕목으로 인정하는 프랑스의 특성과 잘 맞을 수밖에 없었고, 이런 이유로 해서 고전주의 미술 역시 프랑스에서 가장 화려한 빛을 보게 되었다.

이 당시 플라워 디자인은 그림을 통해 확인할 수밖에 없는데, 다음 그림들을 보면 확실히 꽃 뭉치에 불과했던 고대 플라워 디자인에서 탈피하였음을 알 수 있다.

그림 2번 작품은 인상파 화가인 폴 세잔의 작은 델프트식 화병에 담긴 부케이다. 전체적으로 기하학적 구도인 직사각형 내에 부케를 배치하는 것에 충실하여 자연미는 상대적으로 줄어들었다. 화병 바로 위에 있는 2개의 포컬 포인트는 아주 무거운 느낌을 주고, 부케의 다른 부분을 바라보지 못할 정도로 강하게 시선을 끌어주고 있다.

무겁긴 하지만 포컬 포인트가 사방으로 펼쳐졌던 고대 플라워 디자인과는 달리 부케에 안정감을 부여하고 있다는 건 부인할 수 없다.

또 다른 부케를 살펴보자. 산골에서 쉽게 구할 수 있는 들꽃으로 구성한 이 부케는 희미하긴 하지만 L형 부케의 형식을 따르고 있다. 선명한 빨간색과 노란색의 꽃들이 위치와 고저를 달리하여 배치되어 있으며 길고 푸른색의 꽃대가 부케에 독특한 성격을 부여하고 있다(그림 3).

작은 델프트식 화병에 담긴 부케(Bouauet au petit Delft), 폴 세잔(Paul CÉSANNE)

들꽃 부케(Bouauet de fleurs des champs), 오딜롱 르동(Odilon REDON)

이렇게 합리성과 규칙성을 중시하던 고전주의는 1, 2차 세계대전을 겪으면서 철학과 사상의 변화와 함께 붕괴하게 된다. 기존의 가치관과 도덕이 그 의미를 잃게 되었고, 이를 대신할 새로운 문화, 사상의 사조가 등장하게 되는데 그게 바로 모더니즘이다.

모더니즘의 가장 큰 특징은 전통과 인습과의 단절이다. 합리성에서 벗어나 주관적이고 항시 변화하는 세계에 대해 개인적인 경험을 바탕으로 이해하고자 하였다.

물론 이러한 흐름에 가장 큰 영향을 미친 예술 사조는 바로 프랑스에서 발달한 상징주의다. 모더니즘에서 예술 작품은 어떠한 특별한 목적을 가져서는 안 되며 예술 작품 본연의 존재로서 그 가치를 인정받는다(Wikipedia, 2007).

위의 정의에서 보듯, 모더니즘의 주된 사상적 특징은 전통과 과거에 대한 부정이다. 앞서 클래식 플라워 디자인과 모던 플라워 디자인을 설명하면서 여러 차례에 걸쳐 강조하였지만 모던 플라워 디자인은 그때까지 관심을 받지 못하던, 더 나아가 금기시되었던 녹색 잎을 과감하게 도입하였다. 태생적으로 모던 플라워 디자인이 일본의 이케바나에서부터 영향을 받았음은 모던 플라워 디자인을 창시한 모니크 고티에가 이야기한 바 있다. 모니크 고티에는 그 당시 프랑스 플라워 디자인에 새로운 변화를 불러일으키기 위해 직접 일본에 건너가 이케바나를 배우며 기존의 디자인과는 다른 것을 찾으려고 시도했다. 하지만 이케바나의 획일적인 규칙성에 곧 실망을 느끼고, 프랑스로 돌아온다. 하지만 아시아 지역에 머물며 프랑스보다 풍성하고 종류도 다양했던 잎 소재에 관심을 갖게 되고, 이를 플라워 디자인에 도입하였다.

이렇게 탄생한 모던 플라워 디자인은 좀 더 자유롭게 선과 구조를 구성하면서, 기존의 클래식 디자인과는 다른, 우아하고 간결한 새로운 형식을 갖추게 된 것이다.

그다음 모던 플라워 디자인의 간결함과 경쾌함을 클래식 플라워 디자인의 풍성함과 화려함에 접목한 모던화 클래식 디자인이 출현하게 되었다.

이로써 단순한 요약에 불과한 수준이지만 플라워 디자인의 역사와 발달 과정에 대해 잠깐 살펴보았다. 너무 짧은 설명이라 부족함이 많이 느껴지긴 하지만 플라워 디자인에 관심이 있거나 플로리스트로서 일을 하는 사람이라면 역사적 개념을 알고 있는 것이 조금이라도 도움이 될 것으로 생각하여 간단히 정리했다.

4
잎 소재로 구성한 모던 플라워 디자인, Monique GAUTIER

국내 단행본

송채은 · 윤효순 · 장정은, ≪Modern living with flowers≫, 도서출판 진솔, 2006.

지상현, ≪디자인의 법칙≫, 지호 출판사, 2007.

김선례 · 한금숙, ≪Step by step floral Design≫, Mellia, 2005.

최병상, ≪조형≫, p.160, 도서출판 샤론, 1998.

국외 단행본

Dumas, A., *Les plants et leurs symboles*, Edition du chêne, 2004.

Gautier Monique, *Le livre du Bouquet*, Rustica, 1996.

Gautier M., *Créations Végétales*, Rustica, 1996.

Gautier M., *Bouquets de table en fête*, Rustica, 2002.

Gautier M., *Bouquets*, Rustica, 2003.

Haetty P., *Une vie de fleurs*,*Dormonval*, Lucerne, 2005.

Larousse, *Le petit Larousse*(쁘띠 라루스 사전), p.149, Larousse, 2002.

Morel C. and F. Schmitt, *L'art des fleurs*, Fleurus, 2005.

SNHF(Société Nationale d'Horticulture de France), *Histoires de bouquets*, 1991.

Académie Florale Européenne Européan Floral Académy, *Variation Florales Florale Variations*, Connaissance et
      Mémoires, 2006.

F, Gaffiot, *Dictionnaire Latin-Français*, Hachette, 1984.

논문

윤효순, 〈프랑스 플라워 디자인의 클래식 디자인과 모던 디자인의 비교〉, 서울 시립대학교 산업대학원 석사
      학위 논문, 2007.

강귀옥, 〈유러피언 플로랄 디자인의 조형에 관한 연구〉, 대구 가톨릭대학교 디자인대학원 석사학위논문, 2001.

김홍란, 〈잎과 줄기소재의 특성을 활용한 유러피언 플로랄 디자인〉, 호남대학교 대학원 석사학위논문, 2003.

류경화, 〈현대 화훼디자인에 나타나는 Fusion 경향에 관한 분석〉, 대구 가톨릭대학교 디자인대학원 석사학위논문, 2003.

문영란, 〈화예조형에서의 아르누보 이미지 표현방법에 관한 연구〉, 숙명여자대학교 디자인대학원 석사학위논문, 2003.

박미선, 〈친환경적 꽃 고정재료를 이용한 화예 디자인 연구〉, 경희대학교 아트퓨전디자인대학원 석사학위논문, 2006.

서정호, 〈테이블 데커레이션 유형에 따른 화예디자인 특성에 관한 연구〉, 숙명여자대학교 디자인대학원 석사학위논문, 2003.

오순오, 〈우리나라 현대 화훼장식의 곡선이용과 이미지에 관한 연구〉, 고려대학교 생명환경과학대학원 석사학위논문, 2003.

임해봉, 〈곡선에 의한 화훼조형 표현 연구〉, 수원대학교 미술대학원 석사학위논문, 2005.

정혜인, 〈화훼장식의 공간표현을 위한 프레임디자인 기법의 활용〉, 영남대학교 대학원 박사학위논문, 2004.

인용 자료

프랑스 플라워 데커레이션 학교: EFDF(Floral Decoration School of France; Ecole Française de Décoration Florale) 자료 인용(2002~2007).

온라인 자료

국립중앙도서관(http://www.nl.go.kr/).

엔사이버 두산세계대백과, 모던 디자인(http://www.encyber.com/).

위키페디아 백과사전, 고전주의와 모더니즘(http://ko.wikipedia.org/wiki/).

위키백과(https://ko.wikipedia.org/wiki/).

두산백과사전 두피디아(http://www.doopedia.co.kr/).